Das Prinzip der Schadensberechnung und die Vollendung
des Betruges bei zweiseitigen Vertragsverhältnissen

AF781160

Europäische Hochschulschriften

Publications Universitaires Européennes
European University Studies

Reihe II

Rechtswissenschaft

Série II Series II
Droit
Law

Bd./Vol. 1734

PETER LANG
Frankfurt am Main · Berlin · Bern · New York · Paris · Wien

Kyongok Ahn

Das Prinzip der Schadensberechnung und die Vollendung des Betruges bei zweiseitigen Vertragsverhältnissen

PETER LANG
Europäischer Verlag der Wissenschaften

Die Deutsche Bibliothek - CIP-Einheitsaufnahme

Ahn, Kyongok:

Das Prinzip der Schadensberechnung und die Vollendung des Betruges bei zweiseitigen Vertragsverhältnissen / Kyongok Ahn. - Frankfurt am Main ; Berlin ; Bern ; New York ; Paris ; Wien : Lang, 1995
(Europäische Hochschulschriften : Reihe 2, Rechtswissenschaft ; Bd. 1734)
Zugl.: Kiel, Univ., Diss., 1994
ISBN 3-631-48759-2

NE: Europäische Hochschulschriften / 02

Gedruckt mit Unterstützung
der Friedrich-Ebert-Stiftung.

D 8
ISSN 0531-7312
ISBN 3-631-48759-2

© Peter Lang GmbH
Europäischer Verlag der Wissenschaften
Frankfurt am Main 1995
Alle Rechte vorbehalten.

Das Werk einschließlich aller seiner Teile ist urheberrechtlich geschützt. Jede Verwertung außerhalb der engen Grenzen des Urheberrechtsgesetzes ist ohne Zustimmung des Verlages unzulässig und strafbar. Das gilt insbesondere für Vervielfältigungen, Übersetzungen, Mikroverfilmungen und die Einspeicherung und Verarbeitung in elektronischen Systemen.

Printed in Germany 1 2 3 5 6 7

Vorwort

Die Arbeit wurde im Wintersemester 1994/1995 von der Rechtswissenschaftlichen Fakultät der Christian-Albrechts-Universität zu Kiel als Dissertation angenommen. Das Manuskript wurde im Juli 1994 abgeschlossen.

Zu besonderem Dank verpflichtet bin ich meinem Doktorvater, Herrn Professor Dr. Erich Samson, der die Arbeit angeregt, betreut und durch konstruktive Kritik gefördert hat.

Dieser Dank gilt auch den Mitarbeitern des Instituts für Umweltschutz-, Wirtschafts- und Steuerstrafrecht der Universität Kiel für die zahlreichen Diskussionen und für das sorgfältige Korrekturlesen des Manuskriptes.

Ich möchte auch der Friedrich-Ebert-Stiftung danken, die mir durch ein Promotionsstipendium die Möglichkeit gibt, die Dissertation fertigzustellen.

Kiel, im Januar 1995

Kyongok Ahn

Inhaltsverzeichnis

Einleitung und Problemdarstellung

Der Betrug ist nach § 263[1] eine durch Täuschung bewirkte vorsätzliche Beschädigung fremden Vermögens, die in der Absicht erfolgt, sich oder einem anderen einen rechtswidrigen Vermögensvorteil zu verschaffen.

Der Betrugstatbestand wurde erst im 19. Jahrhundert in der heutigen Form (Vermögensschädigung durch Täuschung in Bereicherungsabsicht) ausgestaltet.[2]

Vorher verstand man den Betrug überwiegend als "Gattungsbegriff" für die Delikte, die durch Täuschung begangen werden, ohne ein bestimmtes Rechtsgut schützen zu wollen.[3]

Die Vollendung des Betruges erfordert damit den Eintritt eines Vermögensschadens. Durch diesen tatbestandsmäßigen Erfolg verwirklicht der Täter den Betrug. Die Definition des Vermögensschadens entscheidet demnach über die Reichweite des strafrechtlichen Vermögensschutzes im Betrug.

---

[1] §§ ohne Gesetzesangabe sind solche des StGB.

[2] Eingehend zur Geschichte des Betruges, Cramer, Vermögensbegriff, S. 21ff ; Hirschberg, Vermögensbegriff, S. 216; Naucke, Betrug, S. 63ff; Schütz, Die Entwicklung der Betrugsbegriffe S. 27ff.

[3] Den entscheidenden Anfang machte das preußische Allgemeine Landrecht (1794), das den Betrug im Grundsatz auf die Verletzung von Vermögen zu beschränken versuchte. Im Anschluß hieran führte der Betrug seine begriffliche Begrenzung auf das Vermögensdelikt auf das preußische Strafgestzbuch von 1851 zurück. § 243 pr StGB lautete: "wer in gewinnsüchtiger Absicht das Vermögen eines anderen dadurch beschädigt, daß er durch Vorbringen falscher oder durch Entstellen oder Unterdrücken wahrer Tatsachen einen Irrtum erregt, begeht einen Betrug." Diese Formulierung wurde in § 263 fast wörtlich in das Reichs-StGB von 1871 übernommen. Fragt man nach den Gründen dieses Wandels vom 18. zum 19. Jahrhundert, so sind diese in den wirtschaftspolitischen Forderungen des Liberalismus zu sehen, die durch die Beschränkung der Strafbarkeit des Betruges den wichtig empfundenen Freiraum des wirtschaftlichen Verkehrs schützen. In: Schütz, a.a.O.

Das Vermögen des Getäuschten ist nach der heute als herrschend anerkannten wirtschaftlichen Betrachtungsweise nur dann geschädigt, wenn sein wirtschaftlicher Gesamtwert durch die Vermögensverfügung gemindert ist.[4] Es ist damit zu prüfen, ob Nachteile, die durch die Vermögensverfügung eingetreten sind, durch gleichzeitig erlangte Vorteile ausgeglichen werden (Prinzip der Kompensation). Es liegt dann kein Schaden vor, wenn die in der eigenen Leistung liegende Vermögensminderung durch den erlangten Gegenwert voll ausgeglichen wird. Dabei sind nach dem Prinzip der Gesamtsaldierung alle dem Betroffenen unmittelbar erwachsenen Vor- und Nachteile einzubeziehen.[5]

Im Einzelfall bestehen aber Schwierigkeiten, diese erlangten Vorteile zu bewerten.

Der Grund liegt zunächst darin, daß es im Rahmen der gegenseitigen Vertragsverhältnisse von dem Zeitpunkt der Kompensation abhängt, was als Ausgleich bei der Gesamtsaldierung berücksichtigt werden soll. Die Gesamtbewertung des Vermögens im Rahmen von zweiseitigen Vertragsverhältnissen, bei denen sich Leistung und Gegenleistung gegenüberstehen, kann nämlich auf den Zeitpunkt des Abschlusses des schuldrechtlichen Vertrages oder auf den Zeitpunkt der Vertragserfüllung bezogen werden. Die Tatsache, daß bei gegenseitigen Verträgen der Zeitpunkt des Vertragsschlusses und der der Erfüllung auseinander fallen können,[6] schafft die Möglichkeit, die vermögensrechtlichen Folgen des Vertrages sowohl auf den Vertragsschluß als solchen wie auch auf die Erfüllung zu beziehen. Dies hat im Bereich des Betrugstatbestandes dazu geführt, daß die Rechtsprechung und auch die überwiegende Auffassung[7] in der Literatur zwischen dem sog. Eingehungsbetrug und dem sog. Erfüllungsbetrug unterscheiden.

---

[4] Lackner, LK § 263 Rn 143.

[5] Eser, StR IV Nr. 13 A 18.

[6] Cramer, Vermögensbegriff, S. 168; Sch/Sch/Cramer, § 263 Rn 126; Tenckhoff, Lackner-FS, S. 678.

[7] Vgl. Lackner, § 263 Rn 222ff; Riemann, Vermögensgefährdung, S. 75ff; Samson, SK § 263 Rn 165; Seelmann, JuS 1982, 511; Tenckhoff, Lackner-FS, S. 678.

Beim Eingehungsbetrug wird der Rechtsprechung[8] und der h.M.[9] zufolge die durch den bloßen Vertragsschluß geschaffene Vermögenssituation zum Gegenstand der Untersuchung gemacht und der Vermögensschaden des Getäuschten damit begründet, daß seiner Verpflichtung zur Hingabe einer bestimmten vermögenswerten Leistung kein Äquivalent in seinem Anspruch gegen den Betrüger, der entweder überhaupt nicht oder schlecht zu leisten gewollt hat, gegenübersteht. Das Vermögen des Getäuschten sei bei einer derartigen Sachlage in Gefahr, eine endgültige Einbuße durch den Austausch der beiderseitigen Leistungen zu erfahren, und diese Gefährdung stehe einem Vermögensschaden im Sinne des § 263 gleich.

Die Rechtsprechung bestraft aus diesem Grund den Betrüger wegen vollendeten Betruges schon dann, wenn es nur zum Vertragsabschluß gekommen ist, ohne daß also irgendeine vermögenswerte Leistung erbracht worden wäre. Denn nach der wirtschaftlichen Betrachtungsweise setze der Vermögensschaden nicht unbedingt den endgültigen Verlust des betroffenen Vermögenswertes voraus. Im Wirtschaftsverkehr könne die Gefährdung eines Gegenstandes schon seinen Wert mindern. Im Schrifttum wurde auch grundsätzlich die Möglichkeit eines Vermögensschadens durch Vermögensgefährdung anerkannt.[10]

Weder in der Rechtsprechung noch im Schrifttum ist jedoch eine Klärung der Vermögensgefährdung beim strafbaren Betrug erfolgt. Wegen der darauffolgenden Unsicherheiten und der zunehmenden Fallrechtsprechung droht die Gefahr, daß man auf den Begriff Vermögensgefährdung zurückgreift, wenn ein Fall zwar strafwürdig erscheint, eine "echte" Vermögensbeschädigung aber fehlt. Da-

---

[8] Vgl. etwa RGSt 16, 1; 53, 260; 66, 409; BGHSt 21, 112,113; 23, 300,304.

[9] Arzt/Weber, LH 3 Rn 448; Blei, BT, S. 236; Dreher/Tröndle, § 263 Rn 31; Eser, StR IV, S. 138; Lackner, LK § 263 Rn 153; Maurach/Schroeder, BT 1, S 423; Samson, SK § 263 Rn 165-167; Wessels, BT 2, S. 132f.

[10] Arzt/Weber, LH 3 Rn 448; Blei, BT, S. 236; Dreher/Tröndle, § 263 Rn 31; Eser, StR IV, S. 138; Lackner, LK § 263 Rn 153; Maurach/Schroeder, BT 1, S. 423; Samson, SK § 263 Rn 165-167; Wessels, BT 2, S. 132f.

durch hat der praktische Anwendungsbereich der schadensgleichen Vermögensgefährdung eine außerordentlich große Ausdehnung erfahren.[11]

Damit stellt sich die Frage, ob und - gegebenenfalls - in welchem Umfang der Begriff des Vermögensschadens auch die Situation einer zunächst nur als Vorstufe des eigentlichen Schadens eingetretenen Gefährdung des Vermögens umfaßt. Es muß folglich beantwortet werden, ob die Situation, die unter dem Eingehungsbetrug verstanden wird, nur als der typische Versuch des Betruges anzusehen ist, oder ob sie u.U. entsprechend der Kriterien der Vermögensgefährdung als Vermögensschaden anzusehen ist.

Beim Erfüllungsbetrug unterzieht die Berechnung nicht den Wert der sich gegenüberstehenden Verpflichtungen oder Leistungen dem Wertvergleich, sondern setzt an beim Wert des vom Betroffenen erworbenen vertraglichen Anspruchs und stellt diesen der vom Täter erbrachten Leistung gegenüber.[12] Folglich ist bei dem für die Schadensfeststellung erforderlichen Wertvergleich bei der Erfüllung festzustellen, ob die vom Gegner erbrachte Leistung hinter dem Anspruch des Getäuschten aus dem Verpflichtungsgeschäft zurückbleibt, beziehungsweise, ob er selbst mehr leistet, als er vertraglich verpflichtet ist.

Beim Erfüllungsbetrug stellt sich besonders die Frage, ob der entgegangene Gewinn des Getäuschten bei Erfüllung als Schaden i.S.d. § 263 berücksichtigt wird.[13] Zu Grunde liegen regelmäßig Sachverhalte, in denen ein Verkäufer bei Abschluß des Verpflichtungsgeschäftes fälschlich bestimmte werterhöhende Eigenschaften zusichert, welche die später gelieferte Sache dann nicht besitzt.

Der andere wichtige Grund, warum die erlangten Vorteile schwer zu bewerten sind, wird deutlich anhand von Fällen, in denen auf der einen Seite des Wertvergleichs eine durch die Tat gegen den Täter begründete Schadensersatzforde-

---

[11] Arzt/Weber, LH 3 Rn 455; Naucke, StV 1985, 18; Sonnen, StV 1989, 479,480.

[12] Lackner, LK § 263 Rn 227; Lenckner, MDR 1961, 652; Samson, SK § 263 Rn 169; Tenckhoff, Lackner-FS, S. 684.

[13] Beispielsweise BGHSt 16, 220 (Zellwollhose-Fall).

rung steht, oder dem Betroffenen aus dem betrügerischen Geschäft ein eingeräumtes Pfandrecht oder Rücktrittsrecht steht und deren wirtschaftlicher Wert nicht in Zweifel gezogen werden kann. Es ist fraglich, welche Bedeutung die Ausgleichsansprüche, die entweder gesetzlich, d.h. aufgrund der Täuschung von Gesetzes wegen erwachsen, oder die vertraglich eingeräumt werden, bei der Kompensation haben.

Der BGH erkennt einen Kompensationswert grundsätzlich nur bei vertraglichen Ausgleichsansprüchen, z.B. Kaution oder vertragliche Pfandrechte, an.[14] Die herrschende Auffassung[15] schließt sich der Rechtsprechung an.

Demgegenüber scheiden nach der Rechtsprechung und der überwiegenden Auffassung[16] gesetzliche Ausgleichsansprüche, wie z.B. das Anfechtungsrecht wegen arglistiger Täuschung gem. § 123 BGB, der Herausgabeanspruch gem. § 812 BGB, das gesetzliche Unternehmerpfandrecht gem. § 647 BGB oder der Schadensersatzanspruch aus unerlaubter Handlung gem. § 823 BGB als wirtschaftlicher Ausgleich aus.

Anders als beim Vermögensschaden des Betruges ist aber bei der Untreue gem. § 266 der Wert von Schadensersatzansprüchen von Bedeutung. Nach der Rechtsprechung[17] und der überwiegenden Auffassung in der Literatur[18] fehlt es an einem Nachteil, wenn der Täter das Vermögen des Berechtigten pflichtwidrig mindert, aber jederzeit fähig und willig ist, aus eigenen flüssigen Mitteln die Vermögensminderung auszugleichen. Hier stimmt die allgemein übliche Glei-

---

[14] BGH bei Dallinger, MDR 1971, 546; 1973, 370; OLG Köln, MDR 1975, 244; BGH JR 1987, 427=NJW 1987, 388.

[15] Vgl. Lackner, LK § 263 Rn 187, 225; Sch/Sch/Cramer, § 263 Rn 120.

[16] BGHSt 21, 384,336; 22, 88,89; Lackner, § 263 Rn 187.

[17] RGSt 73, 283; BGHSt 15, 342; BGH MDR 1983, 281; BGH NStZ 1982, 331; BGH wistra 1988, 192; BGH wistra 1990, 352.

[18] Vgl. nur Hübner, LK § 266 Rn 93.

chung, der Nachteil des § 266 entspreche dem Vermögensschaden des § 263,[19] nicht mehr. Beim Betrug gilt der Grundsatz, daß zivilrechtliche Schadensersatzansprüche im Rahmen der Schadensermittlung nicht kompensationsfähig sind, während sie bei der Untreue den Schaden (Nachteil) ausschließen können.

Diese unterschiedliche Betrachtung im Rahmen der Schadensberechnung beim Betrug einerseits und der Untreue anderseits soll zum Anlaß genommen werden zu untersuchen, ob und inwieweit zivilrechtliche Ausgleichsansprüche bei der Schadensberechnung berücksichtigt werden können.

Für die Lösung dieser verschiedenen schwierigen Probleme im Bereich der zweiseitigen Vertragsverhältnisse sollen zuerst der richtige Vermögens- und Schadensbegriff als Ansatzpunkt für weitere Untersuchungen gewonnen werden. Der 1.Teil wird den Grundlagen des Vermögens- und Schadensbegriffes gewidmet. Im 2.Teil wird zuerst allgemein das Prinzip der Schadensberechnung im Rahmen der zweiseitigen Vertragsverhältnisse dargestellt. Anschließend sollen verschiedene Fallkonstellationen in diesem Bereich konkret beurteilt werden, ob sie als Vollendung des Betruges angesehen werden oder ob hier der Schadenseintritt auf Kosten des Versuchs vorverlagert wird

---

[19] RGSt 71, 333; 73, 283,285; BGHSt 15, 342,343; BayObLG JZ 1973, 325; Dreher/-Tröndle, § 266 Rn 20; Hübner, LK § 266 Rn 90, 95; Samson, SK § 266 Rn 37; Sch/Sch/-Lenckner, § 266 Rn 39.

1. Teil
Grundlagen des Vermögens- und Schadensbegriffes

1. Abschnitt
Rechtsgüterschutz und Vermögensbegriff

A. Begriff und Funktion des Rechtsguts

Um das konkret durch § 263 geschützte Rechtsgut feststellen zu können, muß zuerst beantwortet werden, was der Begriff "Rechtsgut" überhaupt meint. Denn obwohl in der gegenwärtigen Literatur überwiegend[20] anerkannt wird, daß das Rechtsgut ein zentraler Begriff des materiellen Verbrechens ist und seine Beeinträchtigung als der unverzichtbare Kern des materiellen Verbrechens bestimmt wird,[21] [22] herrscht die große Unklarheit über den Rechtsgutsbegriff in der Theorie.[23] Der Grund liegt darin, daß die Versuche nach der materiellen

---

[20] Jakobs, AT, S. 44, Maurach/Zipf, AT/1; Hassemer, AK, vor § 1 Rn 243ff; Suhr, JA, 1990, 303.

[21] Baumann/Weber, AT, §§ 3 II 2; Jescheck, Lehrbuch des Strafrechts, S. 205; Roxin, JuS 1966, 381; Rudolphi, Honig-FS, S. 166; kritisch Jakobs, AT, S. 44; Otto, Strafrechtsdogmatik, S. 1; Maurach/Zipf, AT/1, S. 171; Rudolphi, SK vor § 1 Rn 2, Hassemer, AK vor § 1 Rn 252.

[22] Streitig ist noch, ob der Rechtsgüterschutz der einzige Zweck des Strafrechts ist. Jescheck hat z.B. "Rechtsgüterschutz und Schutz der sozialethischen Handlungswerte"(AT, § 1 III) und Lenckner hat die "Pflichtverletzung" als die gleichwertige Aufgabe des Strafrechts verstanden(LK vor §§ 13 Rn 11). Denn die Bestrafung eines Verhaltens zielt nicht nur auf die zu schützenden Rechtsgüter, sondern auch auf das Handlungsunrecht, d.h. auf die Qualität der das Angriffsobjekt gefährdenden menschlichen Handlung, ab. In: Haft, AT, S. 71; Jakobs, AT, S. 41,42; Sch/Sch/Lenckner, LK vor §§ 13 Rn 11.
Diese Meinung kritisierte Roxin(AT, S. 19, 20). Die Verbesserung der sozialethischen Handlungswerte sei nicht die selbständige Aufgabe des Strafrechts, sondern Mittel zum Rechtsgüterschutz. Pflichtverletzung und Handlungsunrecht bedeute nur, daß eine Straftat rechtswidrig und schuldhaft sein muß. Rechtsgüterschutz sei damit allein die legitime Aufgabe des Strafrechts. Die strafrechtliche Bestrafung eines Verhaltens sei jedoch nicht die jede Rechtsgutsverletzung, sondern die mißbilligte Rechtsgutsverletzung durch das Handlungsunrecht.

[23] Über die Unsicherheit dieses Begriffes, Weigend, ZStW 98(1986), S. 49; "die inhaltlich höchst unterschiedlichen Definitionen, die sich allerdings immerhin in bezug auf ihre Vagheit und Abstraktion weitgehend ähnlich sind."

Inhaltsbestimmung des Rechtsguts im Zusammenhang mit verschiedenen zeitgebundenen Aspekten stehen, sei es die naturrechtliche, ethische, anthropologische oder die sozialwissenschaftliche.[24] Man bezeichnet damit die Rechtsgüter etwa als "Rechtswerte"[25], als "ideelle Werte der Sozialordnung"[26], als "rechtlich anerkannte Interessen an bestimmten Gütern"[27], als "Achtungsansprüche"[28] oder als "werthafte soziale Funktionseinheit"[29] und mehr.

Die Inhaltsbestimmung des Rechtsguts setzt aber zuerst die Darstellung voraus, welche Funktion der Begriff Rechtsgut hat.

I. Die historischen Grundlagen der Rechtsgutsdiskussion

Das Rechtsgut hatte dogmengeschichtlich[30] zuerst die kritische Funktion, die Gesetzgebungsmacht zu begrenzen und einzuleiten.[31]

Nach dem liberalen Staats- und Rechtsgedanken, wonach die legitime staatliche Aufgabe sich in dem Schutz und der Sicherung des Bürgers erschöpft, erblickte

---

[24] Kindhäuser, Gefährdung, S. 137,138.

[25] Baumann/Weber, AT, § 12 II 3a.

[26] Welzel, Das Deutsche Strafrecht, S. 4.

[27] Maurach/Zipf, AT/1, 19/12.

[28] Schmidhäuser, AT, 5/27.

[29] Rudolphi, SK vor § 1 Rn 8; Otto, AT, § 1 II 36.

[30] Über die eingehende Darstellung der geschichtlichen Entwicklung, Amelung, Rechtsgüterschutz und Schutz der Gesellschaft, 1972; Marx, Zur Definition des Begriffes "Rechtsgut", 1972; Sina, Die Dogmengeschichte des Strafrechtdogmenbegriffs, Rechtsgut, 1962.

[31] Jakobs, AT, S. 40, Rn 13.

Feuerbach das Verbrechen in der Verletzung eines subjektiven Rechts des Bürgers.[32]

In Auseinandersetzung mit Feuerbach führte Birnbaum den Begriff "Gut" ein, mit dem er den Gegenstand des subjektiven Rechts bezeichnet. Er hat die Verletzung eines Rechts durch das Verbrechen bestritten, da das subjektive Recht weder vermindert noch entzogen werde. Nur dieses Gut werde durch ein Verbrechen entzogen oder vermindert.[33]

Dieser Rechtsgutsbegriff wurde gegen Ende des 19. Jahrhunderts und zu Beginn des 20. Jahrhunderts von v.Liszt aufgegriffen und vertieft. Er definierte das Rechtsgut als die "rechtlich geschützten Interessen", die der Rechtsordnung vorgegeben sind. Solche vorgegebenen Werte sind die elementaren Lebensinteressen und -bedingungen.[34]

Demgegenüber bezeichnete Binding als Rechtsgut alles, "was in den Augen des Gesetzgebers als Bedingung gesunden Lebens der Rechtsgemeinschaft, die für diese von Wert ist". In seinem Rechtsgutsbegriff ging die historisch kritische Funktion des Rechtsguts verloren.[35] Bindings Rechtsgutsbegriff führte damit in der Folgezeit zu der Herausbildung eines formalen teleologischen Rechtsgutsbegriffes.

---

[32] Feuerbach, Lehrbuch, § 23, hier, in: Sina, Dogmengeschichte, S. 11; Haft, AT, S. 6f; Suhr, JA 1990, 305.

[33] Birnbaum, Neues Archiv des Criminalrechts 15(1834), S. 179. Vgl. Sina, a.a.O. S. 51; Suhr, a.a.O.

[34] Sina, a.a.O. S. 51. Vgl. nach Amelung habe v.Liszt mit dem Begriff "Rechtsgut" einen transjuristischen oder vorpositiven Leitbegriff gemeint. Aber Amelungs Deutung ist widerlegt. Denn auch Liszt habe die rechtswidrige Handlung als die formell einem Gebot oder Verbot der Rechtsordnung zuwiderlaufende Handlung dargestellt. Es sei die legislative Aufgabe des Gesetzgebers, über den Inhalt des Rechtsguts zu entscheiden. Liszt hat aber den Gesetzgeber aufgefordert, seine kriminalpolitische Forderung zu berücksichtigen, in: Frommel, Präventionsmodelle, S. 119ff.

[35] Frommel, a.a.O. S. 117,118.

Der teleologische Rechtsgutsbegriff betrachtete das Rechtsgut nur als bloßes Hilfsmittel bei der Auslegung. Honig bezeichnete damit das Rechtsgut als den "vom Gesetzgeber in den Strafrechtssätzen anerkannten Zweck in seiner kürzesten Formel"[36] oder die "Abbreviatur des Zweckgedankens".[37] [38] Mit diesem Begriff war es in den 30er Jahren möglich, den Gehalt des Rechtsguts in Einklang mit der national-sozialistischen Weltanschauung zu bringen, ohne daß dafür auf den Rechtsgutsbegriff verzichtet werden mußte.[39]

Dieser Rechtsgutsbegriff wurde damit der Kritik ausgesetzt, daß der Gegetzgeber den Begriff nach Belieben mit Inhalt füllen kann.[40]

Nach 1945 wurde das Interesse an dem Rechtsgut wieder zur materiellen Inhaltsbestimmung des Rechtsgutsbegriffes verlagert. Das Rechtsgut wurde danach als den durch menschliches Verhalten verletzbaren und deshalb durch die strafrechtlichen Normen zu schützenden werthaften Zustand bezeichnet.[41]

---

[36] Rudolphi, a.a.O.

[37] Grünhut, Frank-Festgabe Bd.I, S. 8.

[38] Dieser teleologische Rechtsgutsbegriff wurde von Honig eingeleitet und von Schwinge und Zimmerl unter der Herrschaft des Nationalsozialismus weiter entwickelt. Vgl. Hofmann, Rechtsgut, S. 30ff; Kareklas, Die Lehre von Rechtsgut und das Umweltstrafrecht, S. 48-51.

[39] Neben diesem teleologischen Rechtsgutsbegriff ermöglichte auch der formale Verbrechensbegriff in dieser Zeit die verstärkte Berücksichtigung von Pflicht- und Gesinnungsmerkmale, als er das Verbrechen nicht die Rechtsguts-, sondern die Pflichtverletzung gesehen hat.
Die Berücksichtigung der Pflicht- und Gesinnungsmerkmale ermöglichte also einerseits die "Akzentverlagerung" vom Rechtsgutsbegriff zur Pflichtwidrigkeit während der 30er Jahre. Vgl. Gallas, FS Gleispach, S. 50ff.
Anderseits vertritt Welzel die sozialethische Ansicht, "die zentrale Aufgabe" des Strafrechts liege nicht im Rechtsgüterschutz, sondern darin, die "Geltung der positiven sozialethischen Aktwerte wie der Achtung von fremden Leben, Gesundheit, oder Freiheit zu sichern. Nach Welzel geht die Bestimmung der Aufgabe des Strafrechts damit über die herkömmliche, unmittelbar auf den Schutz von Rechtsgütern gerichtete Bestimmung hinaus. Vgl. Roxin, AT, S. 1f; Welzel, Das Deutsche Strafrecht, S. 2-4.

[40] Honig, Die Einwilligung des Verletzten, S. 92ff; Rudophi, Honig-FS, S.152ff.

[41] Jäger, Strafgesetzgebung und Rechtsgüterschutz bei Sittlichkeitsdelikten, S. 6ff, 121ff. Von ihm stammte nach 1945 die erste ausführliche Arbeit zum Rechtsgutsbegriff.

Oder "ideel gesehen" soll das Rechtsgut der von wertvollen Sachverhalten ausgehende Achtungsanspruch sein, falls der Staat auf dessen Verletzung mit Rechtsfolgen reagiere.[42] [43]

Dieser materielle, aber abstrakte Rechtsgutsbegriff wurde jedoch der "Vergeistigung des Rechtsgutsbegriffes" ausgesetzt, so daß er kein rechtlich verbindlicher Begriff für das Strafrecht ist. Er gehört nur dem Bereich der Rechtspolitik an.[44]

Aus den historischen Grundlagen der Rechtsgutsdiskussion wird deutlich, daß mit einem Aspekt, entweder dem teleologischen oder dem materiellen abstrakten des Rechtsgutsbegriffes, die Aufgabe des Rechtsguts, die Bestimmung des materiellen Verbrechensbegriffes, nicht erfüllt wird. Während der teleologische Rechtsgutsbegriff ein inhaltsleerer und rein formaler ist, stellt sich der materielle Begriff als ein dem positiven Recht vorgegebener rechtspolitischer Begriff dar.

II. Der aktuelle Diskussionsstand über den materiellen Rechtsgutsbegriff

Um den Gedanken des Rechtsgüterschutzes, nicht nur für die Auslegung, sondern auch für die kriminalpolitische Begrenzung der Strafbarkeit fruchtbar

---

Vgl. Amelung, Rechtsgüterschutz, S. 302.

[42] Schmidhäuser, AT, 5/27.

[43] Anläßlich der Strafrechtsreform erschien zu Beginn der siebziger Jahre eine größere Zahl eingehender Untersuchungen zum Rechtsgut. Vgl. Amelung, Rechtsgüterschutz und Schutz der Gesellschaft; Hassemer, Theorie und Soziologie des Verbrechens; Lampe, Rechtsgut, kultureller Wert und individuelles Bedürfnis; Marx, Zur Definition des Begriffs "Rechtsgut"; Otto, Rechtsgutsbegriff und Deliktstatbestand; Rudolphi, Die verschiedenen Aspekte des Rechtsgutsbegriffs.
Alle diesen Untersuchungen sind trotz unterschiedlicher Denkansätze und Schwerpunkte das Bestreben gemein, den Rechtsgutsbegriff durch Rückbesinnung auf seinen aufklärerischen liberalen Ursprung für die Auswahl und Bestimmung strafrechtlich schützenswerter Güter für die Reform des Besonderen Teils fruchtbar zu machen.

[44] Hofmann, Rechtsgut, S. 50.

zu machen, geht es um die richtige Auswahl und die Bestimmung der mit strafrechtlichen Mitteln schutzwürdigen Güter.[45]

Die maßgebliche Wertvorstellung für den materiellen Begriff des Rechtsguts sind all diejenigen durch menschliches Verhalten zu beeinträchtigenden Erscheinungen, die eine unentbehrliche Voraussetzung für das "gedeihliche Zusammenleben freier Individuen in der Gesellschaft"[46] sind. Denn dem Menschen zu dienen, ist Sinn und Zweck jeder Staatsordnung und dem Strafrecht, das sich nach dem ultima-ratio-Prinzip auf die Sanktion derjenigen Verhaltensweisen zu beschränken hat, die eine hohe Sozialschädlichkeit aufweisen, kommt die Aufgabe zu, die Entfaltungsvoraussetzungen und -bedingungen vor Angriffen von außen zu schützen.[47] Hassemer[48] hat diese Bedingungen personaler Entfaltung ausdrücklich als "Leitlinie eines konkretisierenden Rechtsgutsverhältnisses" anerkannt.

Es wurde damit von einigen Autoren[49] zu Recht vertreten, daß die maßgeblichen Wertvorstellungen, auf denen das Rechtsgut gründet, aus der Verfassung ableitbar sein sollen,[50] denn es sei in den Grundrechten verfassungsrechtlich anerkannt, die freie Entfaltung der Person zu gewährleisten.[51] Die einzige dem Strafgesetzgeber vorgegebene Beschränkung materiellen Rechtsguts soll damit die in dem Grundgesetz niedergelegten Grundrechte sein. Aus dem Kreis der verfassungsrechtlich möglichen Rechtsgüter sollen die Rechtsgüter ausgewählt

---

[45] Jakobs, AT, S. 39, Rn 14; Maurach, AT, S. 266; Otto, Strafrechtsdogmatik, S. 5,6.

[46] Beispielsweise Rudolphi, Honig-FS, S. 158,159.

[47] Diese Auffassung vertritt Marx (Rechtsgut, S. 62) am deutlichsten. Er definierte Rechtsgüter material "als diejenigen Gegenstände, die der Mensch zu seiner freien Selbstverwirklichung braucht".

[48] Theorie, S. 65.

[49] Lampe, Rechtsgut, S. 151f; Marx, Definition, S. 67; Roxin, JuS 1966, 377,381f; ders., AT, S. 11; Rudolphi, Honig-FS, 151ff; ders., SK vor § 1 Rn 8.

[50] Rudolphi, a.a.O.

[51] Lampe, a.a.O. S. 159.

und im einzelnen festgelegt werden, die tatsächlich den strafrechtlichen Schutz genießen sollen.[52] [53]

Man bemüht sich aber darüber hinaus, die Rechtsgüter nicht als "Objekt" oder "Zustand", sondern als die "Beziehung der Person von Objekt" oder als "Funktionseinheit" zu betrachten. Nach Otto ist das Rechtsgut beispielsweise die "Beziehung der Person zu konkreten von der Rechtsgemeinschaft anerkannten Werten, d.h. soziale Funktionseinheiten".[54]

Rechtsgüter sind im Rahmen der Verfassung die für den Bestand erforderliche und deshalb positiv bewertete (durch den Gesetzgeber) werthafte soziale Funktionseinheiten.[55]

---

[52] Nach Amelung und Hassemer liegt damit die Bedeutung der empirischen sozialwissenschaftlichen Untersuchungen darin, daß sie die Erkenntnis, welches Verhalten geeignet sei, das durch das Grundgesetz gewährleistete Sozialsystem zu zerstören und damit als "sozialschädlich" bezeichnet zu werden, gewonnen haben. In: Jakobs, AT, S. 38, Rn 10. Nach Hassemer sei für die inhaltliche Konstitution und die Auswahl des Rechtsgutes die Wertschätzung der Gesellschaft von Objekten maßgebend. Das folge aus dem Ergebnis der empirischen Sozialwissenschaften.
Rechtsgutslehre leitete sich somit nicht nur von normativen Prinzipien ab, sondern auch von der Berücksichtigung sozialer Gegebenheiten. Damit sei der Inhalt des Rechtsguts wandelbar. In: Roxin, AT, S. 13; Jakobs, AT, S. 38, Rn 10.

[53] Amelung hat demgegenüber unter dem sozialwissenschaftlichen Ansatz versucht, das Verbrechen nicht mit dem Begriff Rechtsgut, sondern durch "Sozialschädlichkeit" zu bestimmen. Er will den materiellen Verbrechensbegriff auf eine Theorie der Sozialschädlichkeit, für deren inhaltliche Präzisierung er auf die moderne soziale Systemtheorie zurückgreift, stützen. "Sozialschädlich" sei eine dyfunktionale Erscheinung , die es verhindert oder erschwert, daß das Sozialsystem der Gesellschaft die Probleme seines Fortbestandes bewältigt. Diese Sozialschädlichkeit sei das Verbrechen. Mithin bestimmt Amelung die Legitimität einer Strafnorm danach, ob sie einen Beitrag zur Systemerhaltung leistet. Um der Konsequenz, daß die Person nicht um ihrer selbst, sondern nur um der Gesellschaft willen geschützt wird, zu entgehen, will Amelung seine Konzeption durch die fundamentalen Wertentscheidungen des Grundgesetzes einschränken. Auf diese Weise kann er zu ähnlichen Ergebnissen wie der verfassungsrechtliche Ansatz des Rechtsgutsbegriffs kommen. In: Amelung, Rechtsgüterschutz, S. 330ff, 361,389. Vgl. Kritik darüber, Jakobs, AT, S. 45.

[54] Otto, Rechtsgutsbegriff, S. 5,6.

[55] Sch/Sch/Lenckner, vor §§ 13ff Rn 9; Rudolphi, SK vor § 1 Rn 8; Rudolphi, Honig-FS, S. 151ff; Otto, Strafrechtsdogmatik, S. 1ff; Jakobs, AT, S. 41.

Aus der Bindung von Mensch und Objekt heraus läßt sich auch leicht erklären, daß der Schutz einzelner Güter einem ständigen gesellschaftlichen Wandel unterliegt.[56]

Auf diese Weise gelangt man zu einem zwar vorstrafrechtlich, aber verfassungsrechtlich verbindlichen Rechtsgutsbegriff.

Dieser Rechtsgutsbegriff kann damit die doppelte Funktion erfüllen.[57] Das Rechtgut ist nämlich formal die "anerkannte Grundlage des Aufbaus der Tatbestände" und damit ein wichtiges Hilfsmittel bei der Auslegung (die hermeneutische Funktion des Rechtsguts). Das Rechtsgut stellt den maßgeblichen Einteilungsgesichtspunkt bei der Schaffung der Tatbestandsgruppen dar.[58] Dieser Begriff dient materiell der Beschränkung des Strafrechts auf tatsächlich gemeinschädliches und nicht nur anstößiges oder unmoralisches Verhalten. Denn bei der Auswahl und Bestimmung der mit strafrechtlichen Mitteln zu schützenden Güter wird vom Gesetzgeber verlangt, sich unbedingt an den elementaren Lebensinteressen des einzelnen oder der Allgemeinheit auszurichten.[59] Das Rechtsgut hat damit die Funktion eines rechtspolitischen Kriteri-

---

[56] Vgl. Rudolphi, SK vor § 1 Rn 5.

[57] Den beiden Funktionen entspricht der von Hassemer herausgearbeitete Unterschied zwischen systemimmanenten Rechtsgutsbegriff und systemkritischen Rechtsgutsbegriff; der systemimmanente Rechtsgutsbegriff entspricht als innerstrafrechtliches Arbeitsinstrument dem formalen Rechtsgutsbegriff, während der systemkritische Rechtsgutsbegriff die inhaltlichen Kriterien des Rechtsgutes zu entwickeln versucht. In: Hassemer, Theorie, S. 27ff.
Außerdem, Gössel, Oehler-FS, S. 101, 102; Maurach/Zipf, AT/1, S. 171; Otto, Strafrechtsdogmatik, S. 1; Sch/Sch/Lenckner, vor §§ 13ff Rn 10; Maurach/Zipf, AT/1, S. 171.

[58] Blei, StGB/AT, S. 91; Hassemer, Theorie, S. 19ff; Jakobs, AT, S. 41.

[59] Dieser ausschließlich auf den Menschen bezogenen Orientierung liegt ein "anthropozentrisches Weltbild" zugrunde, das seit Jahrhunderten die Philosophie beherrscht.
Jedoch ist die Herrschaft dieser Auffassung nicht mehr absolut; es mehren sich besonders im Umweltstrafrecht die Stimmen, die dies in Frage stellen. Dem anthropozentrischen wird ein ökologisches Weltbild entgegengesetzt. Dieses zeichnet sich durch eine "ganzheitliche Sicht" aus, d.h. die Natur bzw. ihre einzelnen Erscheinungsformen wie tierisches und pflanzliches Leben, aber auch solche wie Steine, Flüsse und Landschaften, werden dem Menschen gleichgestellt. Damit verbunden wird von diesen Stimmen die Forderung nach Anerkennung eines Eigenwertes und eine Rechtssubjektivität der Natur. Vgl. Eingehend über den Disskussionszustand des "Universalrechtsguts" Umwelt, Hofmann, Rechtsgut, S. 74, 109.

ums bei der Überprüfung der geltenden Strafrechtsordnung (die kriminalpolitische Funktion des Rechtsgutes).[60]

III. Ergebnis : Rechtsgut als werthafte soziale Funktionseinheit

Der Rechtsgutsbegriff wird damit im Rahmen der Verfassung als die positiv bewertete werthafte soziale Funktionseinheit bestimmt. Dieser Begriff ermöglicht es, eine Rechtsgutsbeeinträchtigung als einen unverzichtbaren Kern eines materiellen Verbrechensbegriffs zu bestimmen und weiterhin sicherzustellen, daß dem Begriff des Rechtsguts eine kritische, entkriminalisierende Funktion zu eigen ist.

B. Zum geschützten Rechtsgut des § 263

I. Vermögen als Inventar- und Wertsummenbegriff

Es ist nicht umstritten, daß das Schutzgut des Betruges das Vermögen ist.[61]

Zur Frage, wie das Vermögen zu definieren ist, stehen jedoch zwei Vorstellungen in der Rechtsprechung und Literatur einander gegenüber ; die "inventarisierende Betrachtungsweise" und der "Wertsummenbegriff".[62]

---

[60] Jedoch wird durch die "Symbolisierung der Strafgesetzgebung" diese strafrechtskritisch-entkrimalisierende Funktion des Rechtsguts unbemerkt zu einer strafbegründend-kriminalisierenden geführt. Es geht hier um die Strafvorschriften, die durch voraussehbar ineffektive Gesetze den Eindruck erwecken, daß zur Bekämpfung unerwünschter Handlungen und Zustände "etwas" geschieht. Es stehe besonders im Zusammenhang mit "Universalrechtsgütern", zu denen beispielsweise die Umwelt in den Umweltdelikten gehört. Ursache dieser Entwicklung ist eine Verschärfung der strafrechtlichen Kontrollen durch eine offensive Kriminalisierungspolitik. Zur gegenwärtigen Diskussion über den symbolischen Charakter der Strafgesetzgebung, Amelung, ZStW 92 (1980), 54 ff; Neumann/Schroth, Neuere Theorien von Kriminalität und Strafe, 1980, 114 ff; W. Hassemer, NStZ 1989, 553.

[61] Vgl. beispielsweise Lackner, LK § 263 Rn 4.

[62] Weidemann, Kompensationsproblem, S. 4-10.

Die inventarisierende Betrachtungsweise oder der "Additionsbegriff"[63] geht auf Binding[64] zurück. Das Vermögen wird nach dieser Auffassung als Summe der Einzelbestandteile, d.h. als die Zusammenfassung der vorhandenen Vermögensteile angesehen.

Im Gegensatz zur Auffassung Bindings haben die herrschende Lehre und Rechtsprechung[65] das Vermögen als abstrakte Einheit verstanden. Dieser Begriff geht auf Merkel[66] zurück. Abstrakt ist diese Betrachtungsweise insofern, als daß sie alle Einzelbestandteile des Vermögens einem einheitlichen Bezugssystem unterwirft und folglich nicht den Verlust des einzelnen Gutes, sondern nur die Einbuße in der Gesamtheit als Schaden betrachtet.[67] Der Wertsummenbegriff bilanziert demnach die einzelnen Vermögensteile und bringt sie auf den gemeinsamen Nenner des "Wertes". Geschützt wird nicht wie bei Anwendung der inventarisierenden Betrachtungsweise ein konkreter Bestand an Gütern, sondern die durch die Gesamtheit der Einzelteile verkörperte Werteinheit.[68]

Diese Gegenüberstellung hat jedoch ihre Bedeutung verloren, weil unter Vermögen im Sinne des § 263 sowohl das abstrakt geschützte Rechtsgut als auch das konkrete Tatobjekt im einzelnen Tatbestand bezeichnet wird und beide Auffassungen bei der Darstellung des Vermögens als Rechtsgut und als Angriffsobjekt kombiniert werden.[69]

Die Definition des Vermögens als Werteinheit bietet einen auf die Rechtsgutsebene und die Definition des Vermögens als "Inventar" einen auf die Ebene des

---

[63] Cramer, Vermögensbegriff, S. 38, 113.

[64] Binding, Lehrbuch II, S. 238; vgl. Weidemann, a.a.O. S. 14.

[65] RGSt 16, 1; BGHSt 3, 99; 16, 220; Dreher/Tröndle, § 263 Rn 1.

[66] Merkel, KA II, S. 101; vgl. Weidemann, S. 12.

[67] Weidemann, a.a.O. S. 11.

[68] Merkel, KA II, S. 107; vgl. Weidemann, a.a.O. S. 11.

[69] Cramer, Vermögensbegriff, S. 114.

Angriffsobjektes bezogenen Begriff an.[70] Denn das Angriffsobjekt oder Handlungsobjekt ist der im Tatbestand genannte bzw. bei der Umschreibung der Handlung vorausgesetzte konkrete Gegenstand, den der Täter durch die jeweils geforderten Handlungsmodalitäten beeinträchtigen kann.[71]

II. Vermögen als Werteinheit

Betrug gehört zu den Vermögensdelikten im engeren Sinne[72] und es kann damit nicht bezweifelt werden, daß das Vermögen in seiner Gesamtheit als geschütztes Rechtsgut beim Betrug angesehen wird.[73] Der Betrug schützt somit die wirtschaftliche Lebensgrundlage einer Person, mithin das Vermögen als "wirtschaftliche Funktionseinheit", welche die Summe ihrer Bestandteile überragt.[74]

---

[70] Cramer, a.a.O.; Nelles, Untreue, S. 238.

[71] Jescheck, AT, S. 208; Otto, Struktur, S. 42; Schleeh, NJW 1971, 739.

[72] Die Straftatbestände zum Schutz des Vermögens werden herkömmlich in zwei Gruppen unterteilt, je nachdem, ob das Vermögen umfassend geschützt wird oder ob sich der Schutz nur auf einzelne konkret im Tatbestand bezeichnete Vermögenspositionen beschränkt. Diejenigen Tatbestände, die das Vermögen umfassend schützen, werden auch als Vermögensdelikte im engeren Sinne und diejenigen Tatbestände, die spezielle Vermögenspositionen schützen, als Vermögensdelikte im weiteren Sinne bezeichnet. In: Otto, Struktur, S. 26; Arzt, BT. LH 3, 5; Blei, BT 2; Samson, JA 1978, 469.
Im Schriftum werden für die Vermögensdelikte verschiedene Gruppierungen gebildet, ohne daß sich bisher eine einheitliche Auffassung über die Gesamtgliederung der Vermögensdelikte herausgebildet hätte. Unter praktischen Gesichtspunkten sollte die Gruppierung nach der Art der Einwirkung auf das Vermögen erfolgen. In: Ranft, JA 1984, 2.

[73] BGHSt, 3, 99; 16, 220; 16, 321; Gallas, Eb. Schmidt-FS, S. 401; Dreher/Tröndle, Rn 1; Blei BT § 60 II; Maurach/Schroeder I § 46 I C; Sch/Sch/Cramer, § 263 Rn 1; Samson, SK § 263 Rn 1; Wessels, BT 2 § 13 I; Lackner, LK § 263 Rn 4. In der älteren Literatur wurde oftmals ein immatrieller Wert als Rechtsgut des § 263 angesehen. Etwa die Ansicht, Betrug schütze als Rechtsgut "Treu und Glauben" (vgl. beispielsweise Kempermann, ZStW 57, 126), ist heute in der Lehre überwunden.

[74] Cramer, Vermögensbegriff, S. 114.

Streitig ist nur noch, ob das Rechtsgut des § 263 ausschließlich "das Vermögen als Ganzes" ist, oder ob neben dem Vermögen auch die "wirtschaftliche Dispositionsfreiheit" als geschützes Rechtsgut des Betruges angesehen wird.[75]

Von einem Teil der Literatur[76] wurde, wegen der Parallele zur Erpressung, die unbestritten neben dem Vermögen auch die persönliche Freiheit[77] schützt, vertreten, daß das Rechtsgut des Betruges Vermögen und die wirtschaftliche Dispositionsfreiheit sei.

Besonders unterschied Eser[78] die wirtschaftliche Dispositionsfreiheit von der persönlichen. Der Unterschied zwischen der wirtschaftlichen Dispositionsfreiheit und von persönlichen liege darin, daß diese schon allein aufgrund der Täuschung, also ohne weiteren materiellen Schadensnachweis als verletzt anzusehen ist, während jene einen unmittelbaren Vermögensbezug hat und es keine Bedenken gibt, sie als ein zweites Rechtsgut des Betruges anzusehen.[79]

Neuerdings stellt U.Kindhäuser[80] darüber hinaus den Betrug als ein vermögensschädigendes "Freiheitsdelikt" dar. Der Betrug sei nach seiner systematischen Stellung in den Vermögensdelikten die Freiheitsbeeinträchtigung durch Täuschung, so wie die Erpressung nach § 253 als eine gegen die Freiheit der wirtschaftlichen Disposition gerichtete vermögensschädigende Nötigung angesehen wird.[81] Die Betrachtung des Betruges als vermögensschädigendes Frei-

---

[75] Es ist auch hier abzulehnen, neben der wirtschaftlichen Dispositionsfreiheit z.B. Treu und Glauben oder den wahren Willen des Getäuschten als ein gleichwertiges Rechtgut wie das Vermögen anzuerkennen. In: Gutmann, MDR 1963, 3.

[76] Eser, GA 1962, 283ff; StR IV, S. 11f; Kindhäuser, ZStW 103 (1991), 398; Jakobs, JuS 1977, 230; Maurach/Schroeder, BT/1, S. 400; Gutmann, MDR 1963, 3.

[77] Nach Kindhäuser ist Erpressung eine gegen die Einheit der wirtschaftlichen Disposition gerichtete vermögensschädigende Nötigung durch Zwangsmitteln. In: ZStW 103 (1991), 398.

[78] Eser, GA 1962, 283ff.

[79] Eser, StR IV, S. 112.

[80] Kindhäuser, ZStW 103 (1991), 398ff.

[81] Kindhäuser, a.a.O.

heitsdelikt sei vorteilhaft zur Lösung der Probleme über den funktionalen Zusammenhang zwischen Täuschung, Irrtum und schädigender Verfügung. Außerdem sei diese Auffassung geeignet, sowohl die Systematik der Vermögensdelikte im allgemeinen als auch das Verhältnis des Betruges zu seinen sog. Vorfelddelikten, z.B. Subventions-, Kredit- und Kapitalanlagebetrug, die auch nicht ausschließlich das Vermögen als Rechtsgut haben, widerspruchsfrei zu bestimmen[82]. Aus dem Betrug als das vermögensschädigende Freiheitsdelikt ergebe sich selbständig, daß der Betrug nicht nur das Vermögen, sondern auch die wirtschaftliche Dispositionsfreiheit schützt.

Nach der heute allgemein anerkannten Ansicht soll aber als das Rechtsgut des Betruges ausschließlich das "Vermögen als Ganzes (Werteinheit)" betrachtet werden.[83] Zur Begründung wird darauf hingewiesen, daß die Parallele zur Erpressung hier nicht durchgreife, denn die persönliche Freiheit sei gegen Zwang auch außerhalb der Erpressung strafrechtlich geschützt, nicht gegen Täuschung und List.[84]

Die Berücksichtigung der wirtschaftlichen Dispositionsfreiheit als weiteres Rechtsgut führt zu einer Aufweichung des Schadensbegriffes und schließlich wird das Tatbestandsmerkmal "Vermögensschaden" unnötig sein. Denn es genügt die Vermögensverfügung durch Irrtum, um die wirtschaftliche Dispositionsfreiheit zu beeinträchtigen. Nach dem Aufbau des Betrugstatbestandes steht jedoch die Vermögensverfügung nur als die ungeschriebene, auf das Vermögen einwirkende Handlung des Getäuschten zwischen der Täuschungshandlung des Täters und dem Vermögensschaden.[85] Die Herbeiführung einer unfreiwilligen Vermögensverfügung, und damit die Beeinträchtigung der wirtschaftlichen

---

[82] Kindhäuser, a.a.O. S. 398.

[83] St. Rspr., RGSt 74, 167,168; BGHSt 3, 99,102; 7, 197,198; 16, 220,221; 321,325; 367,372; Blei, BT II, S. 215; Arzt/Weber, LB 3, S. 140; Haft, BT, S. 197; Dreher/Tröndle, § 263 Rn 1; Gallas, Eb. Schmidt-FS, S. 401; Wessels, BT 2, S. 115; Otto, Grundkurs, Die einzelnen Delikte, S. 197; Bockelmann, Kohlrausch-FS, S. 240; Sch/Sch/Cramer, § 263 Rn 1; Samson, SK § 263 Rn 1; Lackner, LK § 263 Rn 4.

[84] Lackner, a.a.O.; Samson, SK § 263 Rn 156, 161.

[85] Vgl. Joecks, Vermögensverfügung, S. 94.

Dispositionsfreiheit ohne Eintritt eines Vermögensschadens erfüllt folglich noch nicht den Betrugstatbestand. Für die Vollendung des Betruges reicht damit die Beeinträchtigung der bloßen Verfügungsfreiheit nicht aus. Die wirtschaftliche Dispositionsfreiheit soll nur als Reflex des Vermögensschutzes durch die Anwendung des Betruges den faktischen Strafschutz gewinnen.[86]

Das Rechtsgut des Betruges ist ausschließlich das Vermögen als wirtschaftliche Funktionseinheit. Von hier aus ist zu beurteilen, welche Bedeutung einer Veränderung des konkreten Vermögensbestandes für die wirtschaftliche Lebensgrundlage des Vermögensträgers zukommt.[87]

C. Vermögen als Angriffsobjekt des § 263

Der objektive Tatbestand des Betruges erfordert das Merkmal des Vermögensschadens. Zum Verständnis des Vermögensschadens des § 263 bedarf es zunächst der Klärung, was § 263 unter Vermögen als Angriffsobjekt versteht. Denn die unterschiedlichen Vermögensbegriffe[88] lassen ihre ganze Tragweite beim Begriff des Vermögensschadens erkennen.[89] [90]

---

[86] Lackner, LK § 263 Rn 4; Joecks, Vermögensverfügung, S. 48.

[87] Nach der Rechtsprechung und h.M. ergibt sich jedoch der Vermögensschaden ausnahmsweise aus der Individualisierung des Schadens bei erheblicher Beeinträchtigung der wirtschaftlichen Dispositionsfreiheit. Probleme über den Umfang und die Begrenzung der Individualisierung des Schadens werden später erörtert. Vgl. unten S. 49.

[88] Jeder Versuch einer Verengung oder Ausweitung des Betrugstatbestandes beginnt mit einer neuen Vermögenstheorie. Vgl. Würz, Vermögensgefährdung, S. 6.
U. Nelles kritisierte, es gebe bekanntlich nicht "den" Vermögensbegriff, sondern "die" Vermögenstheorien und -begriffe. Vgl. Nelles, Untreue, S. 311.

[89] Gallas, Eb. Schmidt-FS, S. 26, der Schadensbegriff erscheine als bloßes Derivat des jeweils gewählten Vermögensbegriffes.

[90] Obwohl der Vermögensbegriff bis heute umstritten ist, besteht jedoch Einigkeit darin, daß unter Vermögen i.S.d. §§ 253,263,266 begrifflich das Gleiche zu verstehen ist. In: Cramer, Vermögensbegriff, S. 22, 115ff; Hübner, LK § 266 Rn 90; Kühl, JuS 1989, 505; Otto, Struktur, S. 306; Samson, SK § 266 Rn 37.

Das geschützte Rechtsgut des § 263 als das Vermögen als Ganzes ist aber nicht nützlich für die Definition des Vermögens als Angriffsobjekt.[91] Denn durch das Rechtsgut als die "wirtschaftlich werthafte Funktionseinheit" wird das Vermögen abstrakt definiert.

Hier muß das Vermögen als Angriffsobjekt konkret ermittelt werden. Denn das Angriffsobjekt oder Handlungsobjekt hat nämlich die Aufgabe, das abstrakte Rechtsgut im Tatbestand näher zu konkretisieren.[92] Das Handlungsobjekt ist der im Tatbestand genannte bzw. bei der Umschreibung der Handlung vorausgesetzte Gegenstand,[93] den der Täter durch die jeweils geforderten Handlungsmodalitäten beeinträchtigen kann. Es ist nicht identisch mit dem abstrakten Rechtsgut.[94] [95]

Das Vermögen als das konkrete Angriffsobjekt soll als Inventar bestimmt werden.[96]

Die Auffassung, die das Vermögen als "Inventar" begreift, enthält aber keine Festlegung hinsichtlich der Art der als Vermögensobjekte in Betracht kommenden Positionen und ihrer Definition. Es kann also der Bestand des Vermögens sowohl "wirtschaftlich", d.h. als Summe der geldwerten Güter ver-

---

[91] Auch die Definitionen des Angriffsobjekts sind nicht einheitlich. Vgl. Suhr, JA 1990, 306ff.

[92] Amelung, Rechtsgüterschutz, S. 199,200; Jescheck, AT, S. 208; Schleeh, NJW 1971, 739.
Diese Unterscheidung von Rechtsgut und Handlungsobjekt wurde durch V. Liszt (Begriff, S. 151) eingeleitet und bis heute beibehalten. Synonym mit Handlungsobjekt werden auch die Begriffe Tat- und Angriffsobjekt verwendet. In; Amelung, a.a.O.; Maurach/Zipf, Strafrecht, S. 259.

[93] Roxin, AT, S. 15; vgl. zur Differenzierung zwischen Rechtsgut und Tatobjekt eingehend; Amelung, Rechtsgüterschutz, S. 198f.

[94] Cramer, Vermögensbegriff, S. 113-117; Otto, Struktur, S. 42-45.

[95] Da man den Tatobjektsbegriff auf "unkörperliche Gegenstände" ausdehnt, ist in § 263 das Vermögen zugleich Rechtsgut und Tatobjekt des Delikts. In: Amelung, a.a.O. S. 198.

[96] Nelles, Untreue, S. 338.

standen werden, als auch "juristisch", d.h. als Summe der Vermögensrechte.[97] Der Fehlvorstellung, daß die inventarisierende Betrachtung ein juristisches Verständnis von Vermögen voraussetzt,[98] ist bereits Gallas[99] zu Recht entgegengetreten.

I. Vermögenstheorien

Die Diskussion in der Lehre des Vermögensbegriffes entwickelte sich durch eine Gegenüberstellung der juristischen und der wirtschaftlichen Vermögenstheorie.

Die juristische Vermögenslehre wird heute ganz allgemein als überholt angesehen.[100]

Die Gegenüberstellung dieser beiden Theorien in diesem Abschnitt erfolgt nur mit dem Ziel, eine Reihe dogmatischer Ansatzpunkte zur Klärung der Ausgangsposition zu gewinnen. Auf sie sind nämlich die unter der Bezeichnung "juristisch-ökonomische Vermittlungslehren" zusammengefaßten Vermögensbegriffe zurückzuführen, die noch bis heute umstritten sind.[101]

---

[97] Gallas, a.a.O. S. 407; Weidemann, a.a.O. S. 13; ders., GA 1987, 37.

[98] Auch setzt die bilanzierende Betrachtung nicht ein wirtschaftliches Verständnis voraus. In: Gallas, Eb. Schmidt-FS, S. 407.

[99] Gallas, a.a.O. S. 402-406.

[100] Samson, SK § 263 Rn 102.

[101] Vgl. siehe dazu S. 42.

1. Die juristische Vermögenslehre: Vermögen als Summe aller Vermögensrechte

Nach dem juristischen Vermögensbegriff, der auf Binding und Merkel zurückgeht, setzt sich das Vermögen zunächst aus den Rechten einer Person zusammen.[102]

Nach dieser Auffassung gehören alle höchstpersönlichen immateriellen Rechte (Gesundheit, Ehre ...) zum Vermögen und alle faktischen Positionen (Arbeitskraft, Besitz ...) fallen demgegenüber als Vermögenspositionen aus. Die Tatbestände der Vermögensdelikte würden damit ihre Kontur verlieren.[103]

Die juristische Vermögenslehre versuchte diesem Einwand zu begegnen, indem sie den Kreis der subjektiven Rechte auf Vermögensrechte beschränkte. Das Vermögen wurde als Summe aller subjektiven Vermögensrechte definiert,[104] ohne Rücksicht auf ihren wirtschaftlichen Wert. Was ein Vermögensrecht und damit Vermögensbestandteil ist, sage damit allein das Bürgerliche Recht.[105] Durch den Vermögensbegriff als "Vermögensrechte im Zivilrecht" wird das Problem der vermögenstauglichen Positionen auf das Zivilrecht verlagert.

Das Zivilrecht selbst als Güterzuteilungsordnung[106] setzt jedoch schon die Güter voraus.[107] Da es weder eine Legaldefinition von Vermögensgütern in diesem Bereich gibt,[108] noch eine einheitliche Verwendung des Begriffes Ver-

---

[102] Binding, Lehrbuch II, S. 238; Merkel, Abhandlungen, Bd. II, S. 99,101.

[103] Nelles, Untreue, S. 350.

[104] Cramer, Vermögensbegriff, S. 80f; Samson, SK § 263 Rn 103.

[105] Binding, Lehrbuch II, S. 240.

[106] Sch/Sch/Cramer, § 263 Rn 82; Cramer, Vermögensbegriff, S. 905.

[107] Nelles, Untreue, S. 350,351.

[108] Cramer, JuS 1966, 474.

mögen feststellbar ist,[109] dient ein Rückgriff auf das Zivilrecht nicht dazu, diese Güter zu definieren.[110] Eine Definition sollte unabhängig vom Zivilrecht erfolgen.

Außerdem läßt sich eine Beschränkung in dem Sinne, daß nur subjektive Vermögensrechte erfaßt werden sollen, nicht schlüssig begründen.[111] Denn es ist nicht einzusehen, weshalb die Erfassung des Rechts auf körperliche oder sexuelle Selbstbestimmung als Vermögenswert nicht möglich sein soll, wohl aber das wirtschaftlich wertlose nur mit Affektionsinteresse behaftete Eigentum.[112]

Dieser Vermögensbegriff erweist sich somit auf der einen Seite als zu eng, weil der Eingriff in eine faktische Position nicht als Betrug bestraft wird, auf der anderen Seite aber als zu weit, weil das wirtschaftlich wertlose Eigentum als Schaden angesehen wird.[113]

Der juristische Vermögensbegriff, der die einer Person zustehenden Vermögensrechte ohne Rücksicht auf ihren wirtschaftlichen Wert erfaßt, rückt demzufolge den Betrug in die Nähe der Zueignungsdelikte.[114] [115]

---

[109] Cramer, Vermögensbegriff, S. 88f.

[110] Cramer, a.a.O.

[111] Samson, SK § 263 Rn 110; ders., JA 1978, 569.

[112] Samson, a.a.O.

[113] Samson, SK § 263 Rn 103, 110; auch Lackner, LK § 263 Rn 12, 17; Samson, JA 1989, 512.

[114] Cramer, Vermögensbegriff, S. 82f.

[115] Binding (Lehrbuch II, S. 238.), auf den diese Vermögensauffassung zurückgeht, begreift den Vermögensschaden als die Bestandsverletzung. Ein Angriff kann sich demnach nicht gegen das Vermögen als Ganzes, sondern lediglich gegen einzelne Vermögenswerte richten. Ein Vermögensschaden wird damit schon in dem Verlust eines solchen Rechts oder in der Belastung mit einer Verbindlichkeit gesehen. Gegen diese Auffassung richtet sich der Schwerpunkt der Kritik an den juristischen Vermögenslehren allgemein.
Der Vermögensschaden durch die Bestandsverletzung ist jedoch die Folge der inventarisierenden Betrachtungsweise (Nelles, Untreue, S. 348). Für die Annahme eines Vermögensschadens

2. Die wirtschaftliche Vermögenslehre: Vermögen als Summe der geldwerten Güter

Der Ausgangspunkt für die wirtschaftliche Vermögenslehre ist der wirtschaftliche Wert der einzelnen Positionen.[116] Vermögen ist nach dieser Auffassung die Gesamtheit der Güter einer Person, welchen im Wirtschaftsverkehr ein Wert beigemessen wird, d.h. ein wirtschaftliches Gesamtpotential.[117] Daraus folgt, daß solche Positionen nicht zum Vermögen gehören, die wirtschaftlich wertlos sind, also keine Tauschbarkeit im Wirtschaftsverkehr besitzen.[118] [119]

Zum Vermögen gehören einmal alle subjektiven Rechte und Rechtspositionen, soweit sie wirtschaftlichen Wert besitzen, und auch alle wirtschaftlich wertvollen, tatsächlichen Positionen, nicht aber immaterielle Interessen.[120] Ob die wirtschaftlichen Positionen rechtlich anerkannt sind, hat keine Bedeutung. Es

---

genügt nach diesem Begriff schon die Feststellung einer unfreiwilligen Vermögensverfügung. Es wurde damit kritisiert, daß der Vermögensschutz auf die Dispositionsfreiheit umgestaltet wird.

[116] RGSt 16, 13. Die Rechtsprechung des BGH knüpft an die Entscheidungen des RG an. Vgl. beispielsweise BGHSt 2, 364; 16, 220.

[117] BGHSt 3, 99; 16, 220; Arzt/Weber, LH 3, S. 160; Cramer, Vermögensbegriff, S. 90; Dreher/Tröndle, § 263 Rn 27,29; Haft, BT, S. 207; Krey, BT, Teil 2, Rn 433; Sch/Sch/-Cramer, § 263 Rn 85; Wessels, a.a.O.

[118] Samson, JA 1978, 569.

[119] Die Tauschbarkeit eines Objekts im Wirtschaftsverkehr unterscheidet sich von dessen Tauschwert. Tauschwert kann als ein konkreter Wert nur im Zusammenhang mit dem konkreten Einzelfall bestimmt werden (relativer Tauschwert). Der für diesen relativen Tauschwert ist der "Geldwert", der zugleich die Quantifizierung und damit die Vergleichbarkeit aller werthaftigen Positionen darstellt.
Aber die Festlegung des Tauschwertes als strafrechtlich relevante Größe für die Bestimmung vermögenstauglicher Positionen ist eine nachrangige Frage, d.h. eine quantitative Bewertung einer Vermögensposition. Das setzt die Bestimmung der grundsätzlich vermögenstauglichen Positionen voraus. In: Nelles, Untreue, S. 380,381; Weidemann, Kompensationsproblem, S. 11.

[120] Lackner, LK § 263 Rn 127; Sch/Sch/Cramer, § 263 Rn 85.

gibt damit "kein gegen Betrug ungeschütztes Vermögen".[121] Nichtige Forderungen, soweit sie tatsächlich realisierbar sind, zählen zum Vermögen.[122] Als tatsächliche Position gehört auch der Besitz zum Vermögen.[123] Maßgebend ist bei den tatsächlichen Anwartschaften, ob die Erwerbsaussicht bereits soweit konkretisiert ist, daß ihr der Geschäftsverkehr schon für die Gegenwart wirtschaftlichen Wert beimißt.[124] Ferner werden die rechtlichen Positionen, die rechtlich nicht durchgesetzt werden können und die Arbeitskraft für rechts- und sittenwidrige Zwecke als Vermögen angesehen.[125]

Es ist damit richtig, daß die wirtschaftliche Vermögenslehre den wirtschaftlichen Wert eines Gegenstandes berücksichtigt. Aber die Kritik an dieser Auffassung liegt darin, daß dieser Begriff wegen seiner mangelnden rechtlichen Fixierung der Substanz und der Konturen für den Zweck des Strafrechts zu unbestimmt ist.

Die rein wirtschaftlich orientierte Vermögensbetrachtung gerät besonders im Bereich der rechtswidrigen oder unsittlichen Rechtsgeschäfte in Widersprüche mit der Gesamtrechtsordnung, denn Positionen würden im Betrug geschützt, die von anderen Teilen der Rechtsordnung nicht anerkannt sind.[126]

---

[121] BGHSt 2, 364.

[122] BGHSt 3, 99; 16, 220 = NJW 1961, 1876.

[123] Lackner, LK § 263 Rn 132.

[124] Lackner, LK § 263 Rn 129, 134.

[125] Samson, SK § 263 Rn 121.

[126] Cramer, JuS 1966, 475; Sch/Sch/Cramer, § 263 Rn 83; Samson, SK § 263 Rn 111; Seelman, JuS 1982, 509.

3. Die juristisch-ökonomischen Vermittlungslehren

a) Die Abgrenzung vom rein objektiv-wirtschaftlichen Vermögensbegriff

Aus der Kritik an der rein wirtschaftlichen Betrachtungsweise im Bereich der rechtswidrigen oder unsittlichen Rechtsgeschäfte haben sich die sog. juristisch-ökonomischen Vermittlungslehren herausgebildet.[127]

Gemeinsamer Ausgangspunkt der juristisch-ökonomischen Vermittlungslehren ist ebenfalls die wirtschaftliche Betrachtungsweise. Als Vermögensbestandteile erfaßt werden somit nur wirtschaftlich wertvolle Positionen. Subjektive Rechte ohne wirtschaftlichen Wert scheiden aus.[128]

Der eigentliche Unterschied zum wirtschaftlichen Vermögensbegriff liegt darin, daß nicht jede wirtschaftlich wertvolle Position geschützt wird.[129] Die juristisch-ökonomischen Vermittlungslehren werden somit die Vermögensbestandteile wirtschaftlich bestimmen oder bewerten, jedoch die Frage ihrer Zuordnung nach rechtlichen Kriterien beantworten wollen.[130] [131]

---

[127] Lackner, LK § 263 Rn 123; Samson, SK § 263 Rn 112 ff; Sch/Sch/Cramer, § 263 Rn 82ff; Franzheim, GA 1960, 269; Gallas, Eb. Schmidt-FS, S. 401; Seelmann, JuS 1962, 509.

[128] Siehe dazu S. 39.

[129] Kühl, JuS 1981, 506.

[130] Kühl, a.a.O.

[131] Früher war Nagler einer der Hauptvertreter. Er forderte, daß zu den wirtschaftlichen Werten eben noch die rechtliche Verfügungsbefugnis hinzutreten müsse. Der Vermögensbegriff enthalte damit sowohl rechtliche wie auch wirtschaftliche Elemente, in: Nagler, ZAKDR 1941, S. 284.
Welzel definiert auch das Vermögen als Summe der jemandem unter dem Schutz der Rechtsordnung zu Gebote stehenden wirtschaftlichen Werte. In: Welzel, Strafrecht, S. 331.

b) Verschiedene Formulierungen eines juristisch-ökonomischen Vermögensbegriffes

(1) Rechtsprechung

Daß der angeblich herrschende, rein wirtschaftliche Vermögensbegriff sachlich überholt ist und daß die BGH-Entscheidungen sogar von dieser Auffassung abweichen, zeigt beispielsweise die sog. Dirnenlohn-Entscheidung.[132]

Im Fall BGH JZ 1987, 684 hat A Prostituierte mit dem Versprechen eines beachtlichen Entgeltes veranlaßt, den Geschlechtsverkehr mit ihm vorzunehmen, bezahlte aber, wie er von vornherein beabsichtigt hatte, den versprochenen Lohn nicht. Nach der Auffassung des BGH gehöre die Aussicht der Prostituierten, durch sexuelle Leistungen den versprochenen oder üblichen Lohn zu erhalten, nicht zum strafrechtlich geschützten Vermögen. Der BGH gibt damit für diese Fälle der "geprellten Dirne" die sonst von ihm bevorzugte wirtschaftliche Betrachtungsweise auf und stellt auf rechtlichen Erwägungen ab.[133] [134] Nichtigen Forderungen und der Arbeitskraft bei rechts- und sittenwidrigen Geschäften ohne Rücksicht auf deren faktisch-wirtschaftliche Bedeutung wird jeder Vermögenswert aberkannt.

Lediglich beim Einsatz geldwerter Güter entscheidet die Rechtsprechung anders. Das ist der Fall, wenn eine Prostituierte die Vorauszahlung entgegennimmt, aber von vornherein nicht die Gegenleistung erbringen will (Der Einsatz geldwerter Güter zu mißbilligten Zwecken).[135] [136]

---

[132] Vgl. auch BGHSt 20, 136.

[133] Otto, JK 88, StGB § 263/23.

[134] Dieser Auffassung folgt das Schrifttum überwiegend, denn erst die rechtliche Akzeptanz begründet die Existenz einer Forderung. Vgl. Sch/Sch/Cramer, § 263 Rn 97; Lackner, LK § 263 Rn 122.

[135] Vgl. BGH bei Dallinger, MDR 1975, 23; Bergmann/Freund, JR 1988, 191.

[136] Das ist auch der Fall, wenn eine Frau ein zum Abbruch der Schwangerschaft ungeeignetes Mittel gegen Hingabe von 10 DM erhält oder wenn eine Drogensüchtige für den

Allgemein anerkannt ist in der höchstrichterlichen Rechtsprechung, daß derjenige einen Vermögensschaden erleidet, der eine Geldleistung im Rahmen eines verbotenen oder sittenwidrigen Geschäftes erbringt, ohne die vereinbarte Gegenleistung zu erhalten. Denn die Verfolgung sittenwidriger oder verbotener Zwekke durch den Getäuschten bedeute keinen Freibrief für den Schädiger, sich dessen Vermögenswerte zu eigenem Nutzen zu verschaffen.[137] Der zur Erfüllung geleistete Vermögenswert stehe dem Getäuschten unter Billigung der Rechtsprechung zu und vor dem Verlust eines redlich erworbenen Gutes schütze das Recht unabhängig von dem mit der Leistung verfolgten Zweck.[138]

Es ist damit nicht zu verkennen, daß sich die Rechtsprechung mehr und mehr den juristisch-ökonomischen Vermittlungslehren angeschlossen hat.[139]

(2) Schrifttum

Trotz weitgehender Übereinstimmung in der Kritik an der rein wirtschaftlichen Betrachtungsweise, streiten die Anhänger des juristisch-ökonomischen Vermögensbegriffes darüber, nach welchen Kriterien die Auswahl der rechtlichen Begrenzung des Vermögensschützes vorzunehmen ist.[140]

Drogenkauf das Geld hingegeben und keine Drogen erworben hat. Hier sperrt sich das Zivilrecht gegen Rückforderungsansprüche des Getäuschten aufgrund der sittenwidrigen Geschäfte gem. § 134, 138 BGB.

[137] Vgl. Lackner, LK § 263 Rn 122.

[138] Lackner, a.a.O.

[139] Samson, SK § 263 Rn 107ff; Barton, StV 1987, 485.

[140] Vgl. Lackner, LK § 263 Rn 123; Samson, SK § 263 Rn 105; ders., JA 1978, 569f.

Gallas[141] vertritt eine restriktive Auffassung. Für ihn ist das Vermögen nur unter dem Schutz des Rechts denkbar, weshalb er als Vermögen lediglich die Summe der geldwerten Vermögensrechte gelten lassen will.[142]

Diese enge Formulierung eines juristisch-ökonomischen Vermögensbegriffes erfaßt nur subjektive, wenn auch wirtschaftlich wertvolle Vermögensrechte. Damit gelangt die Ansicht von Gallas zu denselben unbefriedigenden Resultaten wie der juristische Vermögensbegriff.[143] Der Geldwert wird lediglich als Kriterium dafür herangezogen, diejenigen Rechte auszusondern, die keinen konkreten wirtschaftlichen Wert besitzen.[144]

Eine zweite Auffassung versteht das Vermögen als Summe der rechtlich geschützten wirtschaftlichen Werte.[145] Zum Vermögen gehört nach dieser Formulierung nur, was von der Rechtsordnung gebilligt wird.[146]

Eine weitere Auffassung dehnt demgegenüber den Vermögensschutz auf sämtliche wirtschaftlich wertvolle Positonen aus, die dem Inhaber ohne Mißbilligung der Rechtsordnung zu Gebote stehen.[147]

Die beiden letztgenannten Auffassungen unterscheiden sich in der Behandlung der nichtigen Forderungen.

---

[141] Gallas, Eb. Schmidt-FS, S. 408.

[142] Gallas, a.a.O. S. 417.

[143] Siehe dazu S. 37.

[144] Gallas, Eb. Schmidt-FS, S. 409.

[145] Cramer, Vermögensbegriff, S. 100; ders., Sch/Sch/Cramer, § 263 Rn 82.

[146] Franzheim, GA 1960, 227; Gutmann, MDR 1963, 5; Lenckner, JZ 1967, 10; Lackner, LK § 263 Rn 132.

[147] Lange, ZStW 1965, 78; ders., ZStW 1968, 645.

ausgeklammert bleiben, führt die Formulierung, die sich nach dem Fehlen rechtlicher Mißbilligung richtet, zu einer differenzierenden Beurteilung. Ausgeschieden werden Ansprüche, deren Nichtigkeit auf rechtswidrigen oder gegen die guten Sitten verstoßenden Rechtsgeschäften gründet. Forderungen, deren Nichtigkeit aus anderen Gründen folgt, werden von der Rechtsordnung nicht ausdrücklich mißbilligt und werden nach dieser Auffassung nicht vom Vermögensschutz ausgeschlossen.[148]

Eine letzte Meinung macht die Anerkennung des Vermögenswertes einer Positon davon abhängig, ob ihr Wert durch ein rechtlich gebilligtes Tauschgeschäft realisiert werden kann.[149] Samson[150] verlangt, daß "die wirtschaftlich wertvolle Position eine Anerkennung durch die Rechtsordnung" genießt. Weil unter dem wirtschaftlichen Wert der Tauschwert zu verstehen sei, empfehle es sich, auf die rechtliche Billigung des Tauschgeschäfts abzustellen, der der Vermögensposition Vermögenswert verleiht. Maßgebend für die rechtliche Anerkennung soll danach sein, ob hinsichtlich der betreffenden Position überhaupt rechtlich wirksame Rechtsgeschäfte getätigt werden können.[151]

Der Unterschied der Auffassung Samsons von anderen Vermittlungslehren liegt darin, daß der Tauschwert der vermögenstauglichen Positionen eine Rechtsordnung voraussetzt, während die anderen Vermittlungslehren den Vermögensbegriff zuerst "wirtschaftlich" und den Begriff erst durch die "rechtliche" Zuordnung begrenzen wollen.[152] [153]

---

148 Lackner, LK § 263 Rn 132; Samson, SK § 263 Rn 123; Sch/Sch/Cramer, § 263 Rn 92.

149 Samson, SK § 263 Rn 116; ders., JA 1978, 569.

150 Samson, SK § 263 Rn 114.

151 Samson, a.a.O.

152 Maurach/Schroeder/Maiwald, BT I, S. 433.

153 Nach Nelles setzen die übrigen Vermittlungslehren die Antinomie zwischen Recht und Wirtschaft in einer Gesellschaft voraus. Es sei nicht überzeugend, daß zuerst das "Wirtschaftssystem" faktisch definiert wird und rechtlich begrenzt wird. Denn das Wirtschaftssystem gründe auf einer "Rechtsordnung". Der Umfang der rechtlichen Begrenzung sei nach

Unabhängig von diesem Unterschied sehen sie das "prinzipielle Anliegen" der juristisch-ökonomischen Vermittlungslehren darin, "dem Umstand Rechnung zu tragen, daß auch im Wirtschaftsleben rechtliche Regelungen für die Frage der Vermögenszuordnung mitbestimmend sind".[154] Dieser Beurteilung schließen sie sich mit dem Argument an, "Grundlage der Zuordnung von Gegenständen zum Vermögen einer Person" sei "eine wirtschaftliche Betrachtung, die ihrerseits nicht ohne Rücksicht auf rechtliche Normen" auskomme[155].

4. Sonstiges

a) Dynamische Vermögenslehre

Neben dem juristischen und wirtschaftlichen Vermögensbegriff sind weitere Vermögenslehren entwickelt worden, die eine verstärkte Berücksichtigung individueller Momente bereits für den Vermögensbegriff anstreben. Wesentliche Bedeutung ist ihnen jedoch bis heute nicht zugekommen.

Als "Spielart der wirtschaftlichen Vermögenslehre" wird der dynamische Vermögensbegriff Esers bezeichnet.[156] Er will ermöglichen, daß nicht nur statistisch der vorhandene Vermögensbestand, sondern dynamisch auch der Vermögenszuwachs in den Vermögensschutz miteinbezogen wird.[157] Dieser Vermögensbegriff soll damit neben gegenwärtigen Vermögenswerten auch rein vermögensbildende Faktoren umfassen.[158] Zum Vermögen zählt danach auch die wirtschaftliche Bewegungsfreiheit, als die Fähigkeit, die eigenen finanziellen Mittel am wirtschaftlich sinnvollsten und zweckmäßigsten einzusetzen.

---

diesen Auffassungen unbestimmt und einzelfallbezogen; Nelles, Untreue, S. 368,386.

[154] Maurach/Schroeder/Maiwald, BT I, S. 431.

[155] Maurach/Schroeder/Maiwald, a.a.O. S. 432.

[156] Lackner, LK § 263 Rn 124; Sch/Sch/Cramer, § 263 Rn 81; Eser, GA 1962, S. 289ff.

[157] Eser, a.a.O. S. 295.

[158] Eser, a.a.O. S. 296.

Geschädigt ist nach dieser Auffassung, wer in der Dispositionsfreiheit beschränkt wird und eine wirtschaftlich zweckverfehlende Maßnahme trifft.[159] Der Grund liegt in dem kriminalpolitischen Bekenntnis zur Notwendigkeit einer Ausdehnung des Vermögensschutzes. Danach führen die Veränderungen der wirtschaftlichen Realität zur extensiven Interpretation des Vermögensschadensmerkmales.[160]

b) Personale Vermögenslehre

Im Mittelpunkt der personalen Vermögenslehren steht auch das Vermögenssubjekt. Bestimmend für den Umfang des Vermögens ist nicht Art und Zahl der zugehörigen Güter, sondern das berechtigte wirtschaftliche Bedürfnis, das persönliche Interesse des Vermögensträgers an den Vermögensgegenständen.[161] Der personale Begriff versteht nämlich Vermögen als die wirtschaftliche Potenz des Vermögensträgers, die auf der Herrschaft über solche Objekte beruht, die in der Rechtsgemeinschaft als Objekte des Wirtschaftsverkehrs angesehen werden.[162] "Das Vermögen wird nicht mehr durch Summierung einer Reihe verschiedener Objekte gebildet, sondern stellt als eine durch die Vermögensperson strukturierte Einheit jeweils ein wirtschaftliches Potential der Vermögensperson dar, das auf der Herrschaftsgewalt über Vermögensgüter beruht".[163]

Der Vermögensschaden wird damit nicht in dem abstrakten Wertverlust, sondern in der durch die Vermögensverschiebung bewirkten Beeinträchtigung der wirtschaftlichen Potenz des Vermögensträgers gesehen.

---

[159] Eser, a.a.O. S. 297.

[160] Eser, a.a.O. S. 303.

[161] Bockelmann, Kohlrausch-FS, S. 226ff.

[162] Bockelmann, BT I, S. 88f; ders., JZ 1952, 46; Hardwig, GA 1956, 6; Heinitz, JR 1968, 387; Otto, BT, S. 133ff; ders., Struktur, S. 26ff; ders., JZ 1985, 69.

[163] Otto, Struktur, S. 66.

c) Funktionale Vermögenslehre

Der von Weidemann entwickelte funktionale Vermögensbegriff versucht, die Vermögensbetrachtung nicht nur auf die Ermittlung des vorhandenen Bestandes und dessen Wert zu beschränken, sondern das Vermögen in seiner Funktion, die es für den Vermögensträger hat, zu erfassen.[164]

Die Funktion des Vermögens bestehe darin, daß es "genutzt werde" und "Nutzung" heiße "Einsatz des Vermögens zu den von dem Vermögensinhaber gesetzten Zwecken".[165] Vermögen ist danach der "Bestand an Gegenständen von wirtschaftlichem Wert, der dazu bestimmt ist, den vom Vermögensträger verfolgten Zwecken zu dienen.[166] [167] Dementsprechend berücksichtigt der funktionale Vermögensbegriff bei Saldierung von Leistung und Gegenleistung in vermehrtem Maße die konkrete Zwecksetzung des Vermögensträgers. Kompensation zwischen Leistung und Gegenleistung soll nur dann in Betracht kommen, wenn der Vermögensträger die Gegenleistung seiner eigenen Leistung zugeordnet hat. Nicht die Zwecksetzung allein, sondern die Zuordnung des Vermögenswertes zur Zweckverfolgung sei entscheidend.[168] Entsprechend sei der Schaden in der Beeinträchtigung der Nutzungsmöglichkeit zu sehen, die die Vermögensperson aus dem einzelnen Vermögensgegenstand zu ziehen vermag.[169]

---

[164] Weidemann, Kompensationsproblem, S. 199,201.

[165] Weidemann, a.a.O. S. 213.

[166] Weidemann, a.a.O. S. 279.

[167] Der Unterschied dieser Auffassung von der personalen Vermögenslehre liegt darin, daß die personale Vermögenslehre die Herrschaft nur in den Grenzen einer wirtschaftlich vernünftigen, also an objektiven Kriterien gemessenen Zwecksetzung schützen will (Otto, Struktur, S. 70-80). Der funktionale Ansatz lehnt diese Beschränkungen ausdrücklich ab und sieht die entscheidenden Kriterien der Schadensberechnung in der subjektiven Zwecksetzung durch den Vermögensinhaber. Weidemann stellt insofern generell auf die Autonomie des Vermögensrtägers ab (Weidemann, a.a.O. S. 232).

[168] Weidemann, MDR 1973, S. 993.

[169] Weidemann, Kompensationsproblem, S. 206. Vgl. zur Kritik Blei, JA 1974, 101.

Aber die Definition des konkreten Angriffsobjekts eines Vermögensdelikts ist eine statische Betrachtung. Die Tat kann sich nur gegen das aktuelle Vermögen als Angriffsobjekt richten, mag es sich als konkreter Bestand oder als Wertsumme darstellen. Selbst wenn der Vermögensbestand Schwankungen unterliegt, sind diese nicht für die Bestimmung des Vermögensobjektes zu berücksichtigen. Dieser Aspekt wird erst bei der Bewertung des Vermögens bedeutsam.[170] Eine personale Bestimmung des Vermögens ist damit ohne Vorverständnis des Elements "Vermögensobjekte" nicht möglich. Bezugspunkt für den personalen Vermögensbegriff ist wiederum der wirtschaftliche Vermögensbegriff. Daß der Wert des Vermögens aufgrund der funktionalen Zwecksetzung durch die Vermögensperson subjektiv bestimmt werden muß, enthält damit keine neue Erkenntnis für die Definition der Vermögensobjekte. Es geht hier um die präzise Definition der Zuordnung des Vermögensobjekts zum Subjekt mit dem Ziel, einen flexibleren Maßstab für die Bewertung bei der Schadensermittlung zu gewinnen. Soweit die personale Vermögenslehre subjektive Beziehungsmomente verlangt, versucht sie Schadensprobleme bereits durch den Vermögenbegriff zu lösen.[171]

Aus diesen an die Person des Vermögensinhabers anknüpfenden Vermögenslehren - eigentlich Schadenslehren - resultiert das Bedenken einer mit dem Schutzzweck des Betrugstatbestandes nicht zu vereinbarenden Subjektivierung des Schadensbegriffes. Dieses wird im Schadensbegriff erörtert.[172]

---

[170] Nelles, Untreue, S. 414ff.

[171] Nelles, Untreue, S. 421.

[172] Siehe dazu unten S. 53.

II. Stellungnahme: Die Bestimmung des Vermögensbegriffes unter Anerkennung der Rechtsordnung

Aus der Darstellung der verschiedenen Auffassungen und deren Kritik folgt die juristisch-ökonomische Vermittlungslehre als der taugliche Ansatz für den Vermögensbegriff.

Die rein wirtschaftliche Vermögenslehre setzt zwar methodisch richtig voraus, daß die vermögenstauglichen Objekte in der Realität, im Wirtschaftsverkehr, zu suchen sind und danach nur solche Positionen als vermögenstaugliche Objekte angesehen werden, die "tauschbar" sind.

Aber die Tauschbarkeit und der wirtschaftliche Wert kann nur in bezug auf das Recht im Rahmen der Wirtschaftsordnung definiert werden.[173]

Der überwiegende Teil der juristisch-ökonomischen Vermittlungslehren bestimmt den Vermögensbegriff zuerst "wirtschaftlich", um ihn dann durch die "rechtliche" Zuordnung zu begrenzen. Sie können nicht erklären, warum und daß für die Zuordnung rechtliche Kriterien relevant sind, ohne sich zu den eigenen Prämissen in Widerspruch zu setzen. "Die Zuordnungskriterien sind deshalb diffus und einzelfallbezogen".[174]

Methodisch richtig hingegen ist die Auffassung von Samson. Danach können nur solche Vermögenspositionen Vermögenswert haben, die von der Rechtsordnung anerkannt werden. Mit Recht geht diese Auffassung davon aus, daß die Realisierung eines Tauschwertes eine Rechtsordnung voraussetzt. Die Vermögensobjekte werden als die Gegenstände eines Rechtsgeschäfts, die rechtsgeschäftlich gegen Geld tauschbar sind, definiert. Also ist die Auffassung von Samson, die bereits auf der Ebene der Objektsdefinition die konkrete Wirtschaftsordnung voraussetzt, der taugliche Ansatz für den Vermögensbegriff.

---

[173] Nelles, Untreue, S. 426,427.

[174] Nelles, Untreue, S. 427.

2. Abschnitt
Der Vermögensschadensbegriff

A. Allgemeines

Die angesprochenen unterschiedlichen Vermögensbegriffe entscheiden auch über die Tragweite des Vermögensschadensbegriffes, weil Vermögen und Schaden wechselseitig voneinander abhängig sind.[175]

Nach der heute ganz einheitlich vertretenen wirtschaftlichen Betrachtungsweise wird eine Gesamtbetrachtung des Vermögens bei der Schadensfeststellung verlangt. Doch hat die Auseinandersetzung über die verschiedenen Schadensbegriffe ihre Bedeutung für die Frage nach dem Umfang und der Begrenzung des Schadens.

B. Der subjektive Schadensbegriff[176]

Der subjektive Schadensbegriff geht von der inventarisierenden Betrachtungsweise des Vermögensbegriffes aus, die das Vermögen als Summe der einzelnen Vermögensbestandteile ansieht.[177] Der Vermögensschaden besteht im durch die Täuschung bewirkten Entzug solcher Rechte.[178]

Im Rahmen eines Austauschgeschäftes erleidet derjenige schon einen Vermögensschaden, der täuschungsbedingt ein Vermögensstück weggibt und dafür

[175] Gallas, Eb. Schmidt-FS, S. 401.

[176] Dieser Begriff wird auch als der sog. formelle Schadensbegriff bezeichnet. Denn diese Auffassung verlangt eine formelle Einwirkung auf den Vermögensbestand infolge eines auf der Täuschungshandlung beruhenden Irrtums. Es gibt aber keinen inhaltlichen Unterschied zwischen beiden Begriffe. Vgl. Gallas, Eb. Schmidt-FS, S. 401ff.

[177] Vgl. siehe dazu S. 37.

[178] Binding, Lehrbuch II, S. 240.

nicht das erhält, was er erhalten wollte oder was er beanspruchen kann.[179] Ob dieser Entzug für das Gesamtvermögen wirtschaftlich nachteilig ist, ist dabei belanglos. "Subjektiv" heißt damit diese Theorie, weil für den Vermögensschaden nicht eine objektiv zu ermittelnde Minderung des Gesamtwertes des Vermögens maßgeblich ist, sondern der Wille des getäuschten Vermögensträgers.

Der subjektive Schadensbegriff führt konsequent zum Verzicht auf das Tatbestandsmerkmal des Vermögensschadens,[180] denn letztlich steht es im Belieben des Betroffenen, ob er die erworbene Gegenleistung akzeptieren will oder nicht. Dieses Belieben ist als rein subjektives Moment aber in keiner Weise bestimmbar.

Darüber hinaus liegt der Schaden nach dieser Auffassung in der dem wahren Willen des Berechtigten widersprechenden Vermögensverfügung.[181] Der Betrugstatbestand verlangt als Bindeglied zwischen Täuschungshandlung des Täters und der Vermögensbeschädigung ein auf dem Irrtum beruhendes, vermögenswirksames Handeln des Getäuschten, d.h. eine Vermögensverfügung.[182] Das alleinige Schutzgut des Betrugsdeliktes besteht aber nicht in der Verfügungsfreiheit, sondern im Vermögen. Als Schutzobjekt des Betruges würde damit die bloße Dispositonsfreiheit eingesetzt. Für die Vollendung des Betruges als Vermögensverschiebungsdelikt reicht die Beeinträchtigung der bloßen Verfügungsfreiheit nicht aus. Durch die bloße Entziehung von Vermögensbestandteilen enthielte der Betrug auch eine systematische Verwandschaft zum Diebstahl.[183]

---

[179] Binding, a.a.O. S. 359.

[180] Samson, JA 1978, 626.

[181] Vgl. Weidemann, Kompensationsproblem, S. 18.

[182] Joecks, Vermögensverfügung, S. 94, 107.

[183] Gallas, Eb. Schmidt-FS, S. 402.

C. Der objektive Schadensbegriff

I. Darstellung

Mit dem wirtschaftlichen Vermögensbegriff wird eine objektive Wertermittlung angestrebt. Dieser Wert wird damit nach dem Maßstab des Marktes bestimmt.[184] Denn ein Gegenstand oder eine Leistung kann erst dann im Bereich der Wirtschaft zugeordnet werden, wenn in bezug auf ihn oder sie Nachfrage und Angebot festgestellt werden können. Die wirtschaftliche Werthaftigkeit einer Position setzt voraus, daß sie geeignet ist, am Wirtschaftsverkehr überhaupt teilzunehmen. Der objektive Maßstab des Marktes ist der Verkehrswert[185] und es muß bei der Schadensberechnung auf diesen Wert abgestellt werden, unabhängig von den Bedürfnissen und der individuellen Lage des Vermögensinhabers.[186]

Für die Bewertung des Verkehrswertes der einzelnen in Beschaffheit und Funktion unterschiedlicher Güter ist die Ermittlung eines Geldwertes notwendig. Der objektive Wert bezeichnet sich als ein in Geld ausdrückbarer Verkehrswert oder Tauschwert.[187]

Der objektive Schadensbegriff besteht darin, daß der Verlust einer Vermögensposition durch den Zugang einer anderen wertgleichen Position kompensiert wird (Prinzip der Saldierung)[188]. Ob sich diese zum Nachteil des Vermögensinhabers verändert hat, ist durch Vergleich der verlorenen und gewonnenen

---

[184] Cramer, Vermögensbegriff, S. 45ff.

[185] Ranft, Jura 1992, 72.

[186] Um den Begriff der Vermögensgegenstände zu definieren, genügt es, daß eine einzelne Position tauschbar ist. Welchen Verkehrswert diese Position hat, kann nur im konkreten Einzelfall bestimmt werden. Die Festlegung des Verkehrwertes, die quantitative Bewertung einer Verkehrsposition, ist eine nachrangige Frage, die erst die Bestimmung der Eigung einer Position, Gegenstand eines Tauschgeschäfts zu sein, vorausetzt. Vgl. Samson, JA 1989, 510.

[187] Samson, a.a.O.

[188] Lackner, LK § 263 Rn 143f; Samson, SK § 263 Rn 127; ders., JA 1989, 510.

Positionen nach objektiv-wirtschaftlichen Maßstäben zu ermitteln. Die einzelnen Vermögensstücke sind sodann in ihrem Geldwert zu ermitteln und anschließend zu errechnen, ob der Geldwert der verlorenen Stücke höher liegt als der Wert der erlangten Vermögensposition.[189] Der Schaden tritt somit nur dann ein, wenn der Gesamtbestand des Vermögens durch die Verfügung vermindert wird.[190]

II. Probleme des objektiven Schadensbegriffes

Nach dem objektiven Schadensbegriff erfolgt die Wertbemessung auf der Grundlage einer Bewertung nach den im Wirtschaftsverkehr herrschenden Überzeugungen.[191] Ein Schaden liegt demnach objektiv nur vor, wenn die Saldierung ergibt, daß der Marktwert der Gegenleistung niedriger ist als derjenige der eigenen Leistung des Betroffenen.[192]

Die Durchführung dieses theoretischen Ansatzes stößt jedoch auf grundlegende Schwierigkeiten.

Zum einen gibt es Güter, die einen objektiven Marktwert nicht haben; dies kann z.B. bei Kunstobjekten oder Liebhaberstücken der Fall sein, ferner aber auch bei in ihrer Art oder in ihrem Umfang erstmaligen oder unwiederholbaren Werk- oder Dienstleistungen, für die sich ein Marktpreis nicht bilden kann oder noch nicht gebildet hat.[193] Unabhängig von einem Marktpreis gibt es aber überhaupt keinen Ansatz für eine "objektive" Wertzuordnung. Denn die Erscheinungsformen des Schadens sind sehr vielfältig und dies macht die Wertbestimmung

---

[189] Lackner, LK § 263 Rn 130ff; Samson, JA 1978, 676.

[190] Lackner, a.a.O.; Samson, a.a.O.

[191] Lackner, LK § 263 Rn 150.

[192] Samson, SK § 263 Rn 140.

[193] Ranft, Jura 1992, 73.

und den Wertvergleich gegenseitiger Leistungen und Verpflichtungen schwierig.[194]

Der objektive Schadensbegriff gilt auch denjenigen, die sich im übrigen zu einem wirtschaftlichen Vermögens- und Schadensbegriff auf der Grundlage eines Verständnisses von Vermögen als "Werteinheit" bekennen, als unbefriedigend, weil er die Berücksichtigung individueller wertbildender Faktoren nicht zuläßt, also den Markt- oder Verkehrswert ausnahmslos an die Stelle des auf das Vermögensobjekt bezogenen Gebrauchs- oder Nutzungswert setzt.[195]

Rechtsprechung und die herrschende Ansicht in der Literatur versuchen deshalb, die wirtschaftliche Bewertung von Vermögenspositionen individualisierend vorzunehmen und damit einen "objektiv-individuellen Schadensbegriff" zu entwickeln.[196]

D. Der objektiv-individuelle Schadensbegriff

Diese Auffassung bemüht sich im Prinzip um einen Mittelweg zwischen totaler Objektivierung und völliger Subjektivierung des Schadensbegriffes.

Nach der auf den objektiven Wertvergleich beschränkten Schadensermittlung wird das Vermögen allein als Tauschmöglichkeit verstanden.[197] Das Vermögen bietet aber auf der anderen Seite ganz allgemein die Möglichkeit, das Vermögen zum Erreichen bestimmter, willkürlich gesetzter Ziele - nicht unbe-

[194] Ranft, a.a.O.; vgl. auch OLG Frankfurt NJW 1990, 1057.

[195] So meint etwa Jakobs (JuS 1977, 228), daß im Bereich privaten Konsums eine Individualisierung nach Gesichtspunkten wirtschaftlicher Vernunft schon deshalb nicht möglich sei, weil persönliche Lebensgestaltung und Willkür untrennbar seien. Die Maßgeblichkeit des "vernünftigen Urteils eines unbeteiligten Dritten" (BGHSt 16, 220, 222) bedeute hier "die Zulassung einer Fremdbestimmung des Vermögens nach Art und Ergebnis seiner Verwendung und damit Schutzlosigkeit".

[196] Vgl. beispielsweise Dreher/Tröndle, § 263 Rn 35.

[197] Vgl. dazu S. 53.

dingt ökonomischer Art - zu benutzen.[198] Damit haben Gegenstände für alle Menschen nicht den gleichen Vermögenswert, sondern den individuellen Nutzungswert. Die persönlichen Verhältnisse und Bedürfnisse des Vermögensträgers dürfen damit bei der Schadensberechnung nicht gänzlich außer Betracht bleiben, sondern können im Einzelfall für die Annahme des Vermögensschadens entscheidend sein.[199]

Da dem objektiv-individuellen Schadensbegriff jedoch kein systematisch befriedigendes Konzept zu Grunde liegt,[200] führt er zur Schwierigkeit bei der Abgrenzung zwischen subjektiver Schadensbetrachtung und Dispositionsfreiheit.[201]

Neben dieser Schwierigkeit ergibt sich aus der Individualisierung des Schadens, daß der objektiv-individuelle Schadensbegriff mit dem Grundsatz der Stoffgleichheit zwischen Schaden und Bereicherung, das aus der Umschreibung des Betruges als Vermögensverschiebungsdelikt folgt, nicht in Einklang zu bringen ist.[202]

I. Objektive Gleichwertigkeit der Leistungen als Ausgangspunkt

Die Rechtsprechung wirft die Frage der individuellen Bewertung regelmäßig erst auf, wenn die einander gegenübertretenden Wirtschaftsgüter, für sich betrachtet, gleichwertig sind.[203]

---

[198] Samson, JA 1978, 625.

[199] Samson, SK § 263 Rn 190; Sch/Sch/Cramer, § 263 Rn 121.

[200] Sie vermeide auf dieser Weise nur die Mängel des wirtschaftlichen Vermögensbegriffes und sei in Wirklichkeit kein Begriff, sondern eine Addition heterogener Topoi; vgl. U.Hansen, Jura 1992, 513; Samson, JA 1978, 626.

[201] Samson, SK § 263 Rn 155, 156.

[202] Vgl. Lackner, LK § 263 Rn 272; Samson, SK § 263 Rn 187.

[203] Vgl. beispielsweise BGHSt 16, 220; OLG Köln, NJW 1976, 1222.

Der objektiv-individuelle Schadensbegriff geht damit vom Grundsatz des objektiven Schadensbegriffs aus. Zunächst ist bei der Schadensbewertung von dem Verkehrs- oder Marktwert auszugehen und dem persönlichen Einschlag erst dann durch die Bewertung der Besonderheiten des Einzelfalls Rechnung zu tragen.[204] Individuelle Faktoren sind irrelevant, soweit die Gegenleistung bereits objektiv wirtschaftlich minderwertig ist.

Handelt es sich indessen nach reiner Marktwertbetrachtung um ein ausgeglichenes Geschäft, sollen individuelle, in der Person der Vermögensinhabers liegende Umstände Berücksichtigung finden dürfen, die die Gegenleistung, also die zugeflossene Vermögensposition, für diesen entwerten.[205]

Als Wertmaßstab tritt an diesem Punkt der Schadensberechnung neben den objektiven Verkehrswert der individuelle Gebrauchswert einer Sache, nämlich die Nützlichkeit und Verwendbarkeit der Ware für den jeweiligen Vermögensträger in seinen konkreten Umfeld. Diese Berücksichtigung der persönlichen Verhältnisse wird unter dem Begriff des "persönlichen Schadenseinschlages" gefaßt.[206]

II. Umfang des sog. persönlichen Schadenseinschlages bei der Schadensberechnung

Umstritten ist, unter welchen Umständen im einzelnen ein solcher individueller Vermögensschaden zu bejahen ist.

Diese Frage ist nicht aus dem Prinzip selbst, sondern im Einzelfall durch die Rechtsprechung beantwortet werden. Die Voraussetzungen, die die Rechtsprechung des BGH generalisierend zur Beurteilung dafür aufgestellt hat, ob ein

---

[204] Dreher/Tröndle, § 263 Rn 35; Lackner, LK § 263 Rn 131; Samson, SK § 263 Rn 140, 141.

[205] Dreher/Tröndle, a.a.O.; Lackner, a.a.O.; Samson, a.a.O.

[206] Lackner, LK § 263 Rn 157.

Vermögensschaden im Einzelfall vorliegt, sind durch die Bildung typischer Fälle[207] umgerissen worden.[208]

1. Rechtsprechung und herrschende Meinung

Der BGH hat erstmals in seiner Entscheidung BGHSt 16, 321 den Schaden unter Zugrundelegung individueller Gesichtspunkte ermittelt.[209]

Die Rechtsprechung[210] hat individuelle Komponenten bei der Schadensermittlung seitdem in folgenden Fallgruppen berücksichtigt: Wenn das Opfer (1) die angebotene Leistung nicht oder nicht in vollem Umfange zu dem vertraglich vorausgesetzten Zweck oder in anderer zumutbarer Weise verwenden kann oder (2) durch die eingegangene Verpflichtung zu vermögensschädigenden Maßnahmen genötigt wird oder infolge der Verpflichtung nicht mehr über Mittel verfügen kann, die zur ordnungsgemäßen Erfüllung seiner Verbindlichkeiten oder sonst für eine seinen persönlichen Verhältnissen angemessene Wirtschafts- oder Lebensführung unerläßlich sind.

Bei der Bewertung des individuellen Gebrauchswertes von Gegenstände kommt es nach h.M. nicht auf die subjektiven Vorstellungen und Präferenzen des

---

[207] Vgl. BGHSt 16, 321; 23, 300.

[208] Daben könnten auch weitere Fallkonstellationen einen persönlichen Schadenseinschlag begründen, welche der BGH wegen der jeweiligen Umstände nicht abschließend aufzählen wollte. Vgl. BGHSt 16, 326; Entriß, wistra 1990, 337.

[209] Dieser Entscheidung lag folgender Sachverhalt zugrunde: Der Angeklagte beschäftigte sich als Verkaufsvertreter für Melkmaschinen und verkaufte verschiedenen Landwirten seine Melkanlagen unter der Vorspiegelung, er biete die betreffenden Maschinen im Rahmen einer Sonderaktion zu Werbezwecken weit unter dem normalen Preis als Musteranlagen an. In Wahrheit lieferte er die Anlagen zum Listenpreis. Die Landwirte ließen sich durch die Vortäuschung einer günstigen Gelegenheit in die Irre führen und bestellten die Melkanlagen, was sie bei Kenntnis der wirklichen Sachlage nicht getan hätten. Durch ihre Investitionen hatten sie sich finanziell zum Teil erheblich belastet.

[210] RGSt, 16, 7; BGHSt 16, 220; 22, 89; NJW 1990, 2395; Lackner, LK § 263 Rn 156ff; Samson, SK § 263 Rn 143; Sch/Sch/Cramer, § 263 Rn 121; Maurach/Schroeder, BT/1, 420.

Vermögensträgers an. Maßgebend ist vielmehr "das vernünftige Urteil eines unbeteiligten Dritten".[211] Maßgebend sei damit eine von den persönlichen Vorstellungen und Präferenzen des Opfers losgelöstete objektive Bewertung dieser individuellen Situation.

a) Schaden bei objektiver Unbrauchbarkeit

Zunächst bejaht die herrschende Meinung entsprechend der Rechtsprechung einen individuellen Vermögensschaden insbesondere dann, wenn der zur Kompensation geeignete Vermögensgegenstand nach den besonderen Bedürfnissen oder nach dem vertraglich vorausgesetzten Zweck gar nicht oder weniger brauchbar ist. Maßgebend sei insoweit die Sicht eines "sachlichen Beurteilers".[212] [213]

Unter Brauchbarkeit ist dabei im allgemeinen die tatsächliche Verwendbarkeit des Gegenstandes innerhalb des jeweiligen Vermögenszusammenhanges[214] oder die Verwendbarkeit "in anderer zumutbarer Weise", wenn der Gegenstand für den Getäuschten nicht tatsächlich verwendbar ist, zu verstehen.[215]

---

[211] BGHSt 16, 220,222; 23, 300; 34, 199; Lackner, LK § 263 Rn 159; Sch/Sch/Cramer, § 263 Rn 91.

[212] Lackner, LK § 263 Rn 159.

[213] Seit BGHSt 16, 321 (sog. Melkmaschinen-Fall) explizit nach dieser Formel vorgeht, prüfen die Gerichte die einschlägigen Fälle aus allen Bereichen des Geschäftsverkehrs. Jedoch haben sich eindeutige Schwerpunkte entwickelt, etwa auf den Gebieten des Zeitungs-, Zeitschriften- und Büchervertriebs. Vgl. beispielsweise BGHSt 23, 300; BGH GA 1963, 208; OLG Köln NJW 1976, 1222; OLG Hamm NJW 1969, 1778; OLG Stuttgart, NJW 1980, 1178.

[214] In diesem Sinne unbrauchbar ist z.B. eine auf zwei Kühe angelegte Melkanlage für einen Besitzer von zehn Kühen (BGHSt 16, 326) oder eine Waschmaschine für einen Haushalt, in dem bereits eine neuwertige Waschmaschine vorhanden ist (BGHSt 22, 88) oder ein wissenschaftliches Fachbuch für einen Ungebildeten (OLG Köln NJW 1976, 1222).

[215] BGHSt 16, 220; 34, 199; wistra 1986, 169; Lackner, LK § 263 Rn 157; Sch/Sch/Cramer, § 263 Rn 91.

Unter welchen näheren Voraussetzungen die Möglichkeit besteht, eine Gegenleistung in anderer zumutbarer Weise zu verwenden, ist noch umstritten.[216] Wenn es doch die sofortige Wiederverkaufsmöglichkeit ohne besonderen Aufwand gebe, sei sie "zumutbar".[217]

Es erscheint jedoch problematisch, die Schadensberechnung allein an der "objektiven" Brauchbarkeit zu orientieren. Denn Aussagen zur objektiven Brauchbarkeit beruhen stets auf einer Durchschnittsbetrachtung und die Nützlichkeit für den einzelnen stimmt nicht immer mit der durchschnittlichen Nützlichkeitsbetrachtung überein.[218] Bei rein geschmackabhängigen Konsumgütern, wie z.B. einer Schallplatte mit bestimmter Musik, gibt es in Wahrheit gar keine solchen objektiven Nützlichkeitskriterien, sondern es kommt immer auf den subjektiven Geschmack des einzelnen an.[219] Aber auch darüber hinaus hängt die individuelle Nützlichkeit eines Vermögensgegenstandes in der Realität durchweg von den subjektiven Bedürfnissen, Vorstellungen und Präferenzen der jeweiligen Person ab.[220]

Wenn die herrschende Meinung allein objektive Nützlichkeitskriterien zuläßt, so bedeutet dies, daß alle darüber hinausgehenden Vorstellungen und Präferenzen des einzelnen, obwohl sie im Hinblick auf den tatsächlichen Nutzwert eine reale wirtschaftliche Relevanz besitzen, im Ergebnis vernachläßigt werden. Das aber

---

[216] Lackner, LK § 263 Rn 158.

[217] Aber diese Möglichkeit scheidet regelmäßig aus, weil der Wiederverkauf zum Neuwert fast immer ausgeschlossen ist, vgl. Samson, JA 1978, 629; ders., SK § 263 Rn 141.

[218] Schmoller, ZStW 103(1991), 97.

[219] Nach Jakobs sei es unmöglich, den Wert oder Nutzen einer zur persönlichen Lebensgestaltung bestimmten Leistung unabhängig von den persönlichen Interessen zu bestimmen. Im persönlichen Lebensbereich gebe es keine wirtschaftliche Vernunft. In: JuS 1977, 230, 231.

[220] Schmoller, ZStW 103, S. 97. Wenn jemand Wert auf elegante Farben legt und daher nie ein Auto in trüber Farbe fahren würde, so ist für ihn z.B. ein giftgrünes oder graues Auto als Fortbewegungsmittel nicht nützlich, auch wenn das "vernünftige Urteil eines unbeteiligten Dritten" lauten sollte, daß man mit einem giftgrünen ebensogut wie z.B. mit einem dunkelblauen Auto fahren kann.

führt dazu, daß die rechtliche Wertermittlung teilweise an der in Wahrheit diffenenzierten wirtschaftlichen Realität vorbeigeht.[221]

b) Schaden bei übermäßiger finanzieller Belastung

Schließlich kann sich eine wirtschaftliche Schlechterstellung nach der herrschenden Meinung ergeben, wenn durch den Erwerb für das Opfer objektiv eine übermäßige finanzielle Belastung entsteht.[222] Dies ist insbesondere dann der Fall, wenn das Opfer zur Erfüllung seiner Verbindlichkeiten in der Folgezeit gezwungen ist, andere vermögensschädigende Maßnahmen durchzuführen (z.B. Aufnahme eines hochverzinslichen Darlehens, ungünstiger Verkauf anderer Vermögenswerte), oder wenn es seine Wirtschafts- bzw. Lebensführung spürbar einschränken muß.[223] Damit fließt dem Opfer eine Vermögensposition zu, die es "in dieser Weise" und "zu dieser Zeit" vernünftigerweise nicht erwerben wollte.[224]

Seit der Entscheidung im Melkmaschinen-Fall[225] wendet die Rechtsprechung diesen Grundsatz allgemein an. Sie verfolgt damit den Zweck, Beeinträchtigungen der wirtschaftlichen Bewegungsfreiheit zwar nicht allgemein, aber doch in gravierenden Fällen als Vermögensbeschädigung zu erfassen. Zur Schadensbegründung unter dem Gesichtspunkt der wirtschaftlichen Bewegungsfreiheit wurde etwa vorausgesetzt, daß die Leistung für den Getäuschten eine wirtschaftlich nicht zu verantwortende, unerträgliche Last oder eine Belastung bedeutet, die seine wirtschaftliche Verhältnisse übersteigt.[226] Auch hier wird der

---

[221] Schmoller, a.a.o. S. 99.

[222] Vgl. KG JR 1966, 391 mit Anm. Schröder; NJW 1979, 149; OLG Schleswig SchlHA 1976, 169.

[223] BGHSt 3, 91, 103; 16, 321.

[224] Samson, SK § 263 Rn 144.

[225] BGHSt 16, 320.

[226] BGH MDR 1952, 408; Lackner, LK § 263 Rn 158.

Maßstab eines fiktiven, unbeteiligten Beobachters eingesetzt, um eine vollständige Subjektivierung der Schadensermittlung zu vermeiden.[227]

Gegen die Anerkennung der unerträglichen Beschränkung der wirtschaftlichen Bewegungsfreiheit als Vermögensschaden sind in der Lehre verschiedene Bedenken geäußert worden.

Es ist zunächst problematisch, die Vermögenslage des Opfers insgesamt zur Schadensbegründung heranzuziehen, wenn ein Opfer zur Erfüllung der eingegangenen Verbindlichkeiten einen Kredit aufnehmen, andere Vermögenswerte veräußern oder seine Lebensführung einschränken muß. Ob jemand als Opfer eines Betrugs anzusehen ist, sollte jedoch nicht ausschließlich von seinen allgemeinen finanziellen Verhältnissen abhängen.[228]

Äußerst problematisch erscheint die Begründung der erforderlichen Stoffgleichheit zwischen der angestrebten Bereicherung und dem zugefügten Vermögensschaden,[229] wenn der Vermögensschaden in einer übermäßigen finanziellen Belastung gesehen wird. Das ist der Fall, wenn das Opfer zur Erfüllung seiner Verbindlichkeiten gezwungen ist, nachträglich vermögensschädigende Maßnahmen durchzuführen oder seine Lebensführung spürbar einzuschränken.

Wie der darin liegende Nachteil mit dem vom Täter erworbenen Vorteil stoffgleich sein soll, ist kaum zu erklären.[230] [231] Die Schädigung i.S. der Be-

---

[227] Maurach/Schroeder/Maiwald, BT I, § 41 II Rn 116.

[228] Gegen eine solche Begründung des Vermögensschadens, Franzheim/Krug, GA 1975, 101; Gerhold, Zweckverfehlung, S. 73; Heinitz, JR 1968, 388; Mohrbotter, GA 1975, 41; Schröder, NJW 1962, 721.

[229] Lackner, LK § 263 Rn 272; Samson, SK § 263 Rn 187.

[230] Lackner, LK § 263 Rn 272.

[231] Die Stoffgleichheit verneinen in diesen Fällen auch Cramer, in: Sch/Sch/Cramer, § 263 Rn 168; Schröder, 1962, 721; Harwig. GA 1956, 20; Mohrbotter, GA 1975, 41; Weidemann, Kopmensationsproblem, S. 159.
Eine dogmatisch schlüssige Begründung des Vermögensschadens bzw. der Stoffgleichheit könnte in den angesprochenen Fällen allenfalls dann erfolgen, wenn man die "wirtschaftliche

schränkung der wirtschaftlichen Bewegungsfreiheit gerät damit in Konflikt mit dem objektiven Erfordernis der Unmittelbarkeit des Schadens. Denn diese Einschränkung ist nur die mittelbare Folge der Vermögensverfügung.[232]

Außerdem ist es auch nicht überzeugend, warum derjenige betrogen sein soll, der zur Bezahlung einen Kredit aufnehmen muß, nicht hingegen derjenige, der reich ist und keine übermäßige finanzielle Belastung hat. Ob der Täter ein mehr oder weniger vermögendes Opfer schädigt, mag für die Strafzumessung relevant sein, der Begriff des Schadens selbst sollte davon aber nicht abhängen.

2. Subjektiver Nutzungswille als Kriterium der Schadensberechnung

In jüngerer Zeit ist die Tendenz spürbar geworden, eine weitergehende Individualisierung zuzulassen.[233]

Dies geht vor allem von der personalen Vermögenslehre aus, nach deren Auffassung der Schadenseintritt allein nach den persönlichen Interessen und der Vernunft des jeweils Betroffenen beurteilt werden kann.[234] Alle anderen Kriterien, etwa das des sog. vernünftigen Urteils eines unbeteiligten Dritten, bedeuteten die "Zulassung einer Fremdbestimmung des Vermögens nach Art und Ergebnis seiner Verwendung und damit dessen Schutzlosigkeit.[235] Die volle Individualisierung sei deshalb nicht zu umgehen, auch wenn die Zweckvor-

---

Bewegungsfreiheit" selbst als Vermögenswert anerkannen würde. Der diesbezügliche Vorschlag von Eser(GA 1962, 289) hat sich jedoch nicht durchgesetzt, weil die Konturen des Vermögensbegriffs auf diese Weise zu unbestimmt würden. Einschränkungen der wirtschaftlichen Bewegungsfreiheit lassen sich zudem kaum in einer bezifferbaren Schadenshöhe ausdrücken.

232 Vgl. Eser, GA 1962, 291ff.

233 Eser, StR IV, S. 283ff; Heinitz, JR 1968, 387; Jakobs, JuS, 1977, 228; Schlüchter, MDR 1974, 617,619; Franzheim/Krug, GA 1975, 97.

234 Jakobs, a.a.O.; Schlüchter, a.a.O.

235 Jakobs, JuS 1977, S. 230, 231.

stellungen des Vermögensträgers wirtschaftlich unvernünftig seien.[236] Eine Verfehlung des mit einer Verfügung verfolgten Zwecks und damit der Vermögensschaden werde dabei angenommen, wenn die angebotene Gegenleistung dem dafür erbrachten Vermögensopfer wertmäßig zwar entspreche, aber nicht in der vom Verfügenden vorausgesetzten Weise verwendbar sei.[237]

Damit weicht die personale Vermögenslehre von dem herkömmlichen wirtschaftlichen Vermögensbegriff ab und verliert jene Konturen, die gerade durch eine strikt wirtschaftliche Betrachtungsweise gewährleistet werden.[238] Denn der subjektive Ansatz der personalen Vermögenslehren führt in seiner Konsequenz dazu, daß das Merkmal des Vermögensschadens aus dem Betrugstatbestand eliminiert wird. Schon jede irrtumsbedingte Vermögensfügung würde schon die Voraussetzungen des objektiven Tatbestandes erfüllen und damit der Betrug in ein Delikt gegen die Dispositionsfreiheit verwandelt. Die Grenzen der Sraflosigkeit würden letztlich vom subjektiven Belieben des jeweiligen Vermögensinhabers bestimmt.[239]

Um dieser Gefahr innerhalb der personalen Vermögenslehre entgegenzuwirken, wird von Anhängern der personalen Vermögenslehre[240] vertreten, als Vermögen nur diejenigen Objekte anzusehen, die von der Verkehrsanschauung als wirtschaftliche Güter betrachtet werden und zur Schadensbegründung nur die Verfehlung eines wirtschaftlichen Zwecks ausreichen zu lassen.

Aber diese Einschränkung ist von der Ausgangsposition des personalen Vermögensbegriffes her inkonsequent und es ist auch gar nicht möglich, die Abgrenzung zwischen wirtschaftlichen und außerwirtschaftlichen Zwecksetzungen vorzunehmen. Die aus dieser Auffassung resultierende Subjektivierung des

---

[236] Jakobs, a.a.O.

[237] Otto, BT, S. 225.

[238] Lackner, LK § 263 Rn 124.

[239] Gerhold, Zweckverfehlung, S. 26, 27.

[240] Beispielsweise Bockelmann, Kohlrausch-FS, S. 248; Otto, Struktur, S. 74ff.

strafrechtlichen Schadensbegriffes wird somit von der h.M. zu Recht als zu weitgehend abgelehnt.

Diese Bedenken gelten auch für den funktionalen Vermögensbegriff Weidemanns,[241] der bei der Frage der Schadenskompensation jede ideelle Zwecksetzung des Vermögensinhabers berücksichtigen will und so den Betrug endeutig in ein Delikt gegen die personale Dispositionsfreiheit verwandelt.

Um der Kritik gegen den persönlichen Vermögensbegriff entgegenzutreten, versuchte Schmoller,[242] den individuellen Schaden mit dem wirtschaftlichen Vermögensbegriff zu harmonisieren.[243] Er geht davon aus, daß ein Vermögensgegenstand für eine bestimmte Person stets nur dann den vollen marktüblichen Anschaffungspreis repräsentiert, wenn er für diese Person nach ihren subjektiven Vorstellungen und Präferenzen individuell nützlich ist.

Fehle es hingegen an dieser subjektiven Nützlichkeit und muß deshalb davon ausgegangen werden, daß der Betroffene den Gegenstand nicht selbst gebraucht, so sei dieser konkret lediglich zum (niedrigeren) marktüblichen Wiederverkaufspreis zu veranschlagen. Im Fall der fehlenden individuellen Nützlichkeit ergebe sich ein Vermögensschaden deshalb in der Höhe der Differenz zwischen dem marktüblichen Anschaffungs- und dem marktüblichen Wiederverkaufspreis.[244] Der Betrug werde damit nicht zu einem Delikt gegen die bloße Dispositionsfreiheit. Denn der Schaden werde streng als Differenz zwischen zwei rein wirtschaftlichen Größen berechnet; die subjektiven Vorstellungen und Präferenzen des Opfers werden dabei nur für die Entscheidung herangezogen, ob der jeweilige Gegenstand im konkreten Vermögen tatsächlich den vollen markt-

---

[241] Kompensationsprobleme, S. 199ff, 215.

[242] ZStW 103(1991), 92.

[243] Schmoller, a.a.O. S. 104.

[244] Schmoller, a.a.O. S. 133.

üblichen Anschaffungspreis oder aber bloß den Wiederverkaufswert repräsentiert.[245]

3. Stellungnahme: Schadensausschluß durch den Wiederverkauf

Die Auffassung von Schmoller entspricht der wirtschaftlichen Betrachtungsweise des Vermögens- und Schadensbegriffes.

Es erscheint erforderlich, diese in der Realität maßgebenden Faktoren des subjektiven Gebrauchswillens auch bei der rechtlichen Wertermittlung zu berücksichtigen.[246] Eine Berücksichtigung des subjektiven Gebrauchswillens des Täters kann jedoch nur dann überzeugen, wenn sie mit der wirtschaftlichen Betrachtungsweise vereinbar ist. Wenn jemand großen Wert auf eine ganz bestimmte Eigenschaft eines Vermögensgegenstandes legt, so haben Güter ohne diese Eigenschaft für ihn keinen sich im Anschaffungspreis äußernden Nutzwert. Wenn es damit dem Getäuschten am Gebrauchswillen fehlt, so ist der Wert des betreffenden Gegenstandes lediglich zum marktüblichen Wiederverkaufspreis zu veranschlagen, also zu jenem Preis, zu dem er ohne Aufwand jederzeit in Geld umgesetzt werden könnte.[247]

Dies entspricht einer konsequenten Durchführung der wirtschaftlichen Betrachtungsweise, weil der Marktpreis eines Gegenstandes in der Regel davon abhängt, ob man diesen kauft oder verkauft. Im Fall des fehlenden individuellen Gebrauchswillens ergibt sich ein Vermögensschaden deshalb in der Höhe der Differenz zwischen dem marktüblichen Anschaffungs- und dem Wiederverkaufspreis.[248]

---

[245] Schmoller, a.a.O.

[246] So auch Jakobs, JuS 1977, 230.

[247] Franzheim/Krug, GA 1975, 102; Weidemann, Kompensationsproblem, S. 235, 240f.

[248] Schmoller, ZStW 103, S. 108, 132ff.

Der Umstand, daß derselbe Gegenstand je nach der konkreten Situation einen unterschiedlichen Marktwert haben kann, wird grundsätzlich auch von der herrschenden Meinung[249] anerkannt. Von diesem Ansatz ist es konsequent, auch den marktmäßigen Unterschied zwischen Anschaffungs- und Wiederverkaufswert zu beachten.[250]

III. Ergebnis

Der objektiv-individuelle Schadensbegriff geht vom Grundsatz des objektiven Schadensbegriffes aus. Individuelle Faktoren sind irrelevant, soweit die Gegenleistung bereits objektiv wirtschaftlich minderwertig ist.

Handelt es sich indessen nach wirtschaftlicher Bewertung um ein ausgeglichenes Geschäft, sollen individuelle Umstände berücksichtigt werden.

Was den Umfang des individuellen Schadenseinschlages angeht, rufen die Kriterien der Rechtsprechung Bedenken hervor.

Wenn es dem Getäuschten am Gebrauchswillen fehlt, so ist der Wert des fraglichen Gegenstandes lediglich zum marktüblichen Wiederverkaufspreis zu veranschlagen. Im Fall des fehlenden individuellen Gebrauchswillens ergibt sich damit ein Vermögensschaden in der Höhe der Differenz zwischen dem marktüblichen Anschaffungspreis und dem Wiederverkaufspreis.

Dagegen soll die unerträgliche Beschränkung der wirtschaftlichen Dispositionsfreiheit (die übermäßige finanzielle Belastung) nicht als Vermögensschaden angesehen werden. Sie gerät in Konflikt mit dem objektiven Erfordernis der Unmittelbarkeit des Schadens. Sie ist nur die mittelbare Folge der Vermögensverfügung.

---

[249] Lackner, LK § 263 Rn 150; Samson, JA 1978, 629; ders., SK § 263 Rn 141; Sch/Sch/Cramer, § 263 Rn 113.

[250] Lackner, a.a.O.; Samson, a.a.O.; Sch/Sch/Cramer, a.a.O.

2. Teil
Das Prinzip der Schadensberechnung und die Vollendung des Betruges bei zweiseitigen Vertragsverhältnissen

1. Abschnitt
Der Grundsatz der Schadensberechnung beim Betrug

A. Das Erfordernis der Gesamtwertminderung

Die Schadensermittlung erfolgt nach der wirtschaftlichen Betrachtungsweise nach dem Grundsatz der Gesamtsaldierung.[251] Es kommt für die Frage der Vermögensbeschädigung grundsätzlich nicht darauf an, ob die einzelne Vermögensposition nachteilig berührt worden ist, sondern darauf, ob die Vermögensverfügung dem Vermögen in seiner wirtschaftlichen Gesamtheit einen Nachteil gebracht hat. Ein Vermögensschaden i.S.d. § 263 tritt dann ein, wenn der wirtschaftliche Gesamtwert des Vermögens vermindert wird. Dies geschieht dadurch, daß nach der Vermögensverfügung die Vermögenswerte verringert werden oder neue Verbindlichkeiten entstehen, ohne daß diese Einbuße durch einen unmittelbaren Zuwachs voll ausgeglichen wird (sog. Prinzip der Gesamtsaldierung).[252]

Zur Feststellung einer Gesamtwertverminderung bedarf es nun nicht der Ermittlung des Gesamtwertes des Vermögens, sondern lediglich der Ermittlung der von der Vermögensverfügung des Getäuschten betroffenen Werte und Gegenwerte.[253] Ergibt sich eine Differenz zwischen den betroffenen Werten und Ausgleichswerten oder ist ein Ausgleichswert überhaupt nicht vorhanden, steht eine Gesamtwertminderung des Vermögens dadurch fest.[254]

---

[251] Siehe dazu oben S. 42.

[252] RGSt 16, 1,3; 74, 129; BGHSt 3, 102; 16, 220,221; 16, 321,325; 30, 388; 34, 201 mit Anm. Bottke, JR 1987, 428; Otto, JK 87, StGB § 263/22; Dreher/Tröndle, § 263 Rn 30, 32; Lackner, LK § 263 Rn 143; Samson, SK § 263 Rn 133; Sch/Sch/Cramer, § 263 Rn 99.

[253] Samson, SK § 263 Rn 133.

[254] Cramer, Vermögensbegriff, S.49; Lackner, a.a.O.; Samson, a.a.O.

B. Die Gesamtwertminderung nach objektiv-individueller Betrachtungsweise

Erforderlich ist stets die Ermittlung des wirtschaftlichen Wertes der betroffenen Vermögenspositionen oder die Ermittlung der für das Vermögen negativen wirtschaftlichen Werte der Belastungen. Die Bewertung des wirtschaftlichen Wertes einer Vermögensposition, einer Ausgleichsposition oder Belastung ist allgemein oder individuell, objektiv oder subjektiv möglich.

Eine rein subjektive Bewertung der Vermögenswerte scheidet jedoch aus. Die Zulassung der reinen subjektiven Bewertung hätte zur Folge, daß die Unerwünschtheit eines Geschäftes schon ein Vermögensschaden wäre.[255] Die wirtschaftliche Ermittlung des Vermögenswertes soll objektiv erfolgen. Wenn die rein subjektive Bewertung der Vermögenspositionen abgelehnt wird, so ist damit noch nicht gesagt, daß eine allein objektive Bewertung der Vermögensposition, nach der der Preis im Wirtschaftsverkehr maßgeblich wäre,[256] sachgerecht ist. Eine Bewertung ohne Berücksichtigung des konkreten Geschäftes und der beteiligten Personen ist nicht möglich. Man könnte sonst den verschiedenen wirtschaftlichen Lebenssachverhalten nicht gerecht werden.[257] Individuelle Gegebenheiten sind bei der Bewertung der Vermögenswerte und damit bei der Schadensfeststellung zu beachten. Sie müssen aber objektiv feststellbar sein.[258] [259] Ob der Gesamtwert des Vermögens wirtschaftlich vermindert wird, wird damit objektiv-individuell entschieden. Die Gesamtverminderung des Vermögens wird damit nach dem Urteil eines unbeteiligten, sachkundigen Beobachters unter Berücksichtigung der individuellen wirtschaftlichen Verhältnisse

[255] Cramer, Vermögensbegriff, S. 69ff; Gallas, Eb. Schmidt-FS, S. 408; Otto, Struktur, S. 38ff; Lackner, LK § 263 Rn 121; Samson, SK § 263 Rn 127.

[256] Lackner, LK § 263 Rn 150.

[257] Lackner, LK § 263 Rn 150, 156; Maurach/Schroeder, BT, S. 420; Samson, SK § 263 Rn 141; ders., JA 1978, 627; Sch/Sch//Cramer, § 263 Rn 113.

[258] Lackner, LK § 263 Rn 162; Sch/Sch/Cramer, a.a.O.

[259] Über die Schwierigkeit der objektiven Schadensberechnung, S. 45ff.

des Verletzten beurteilt.[260] Als Vergleichsmaßstab wird der Geldwert als objektive Bewertungsmodalität herangezogen.[261]

C. Die Unmittelbarkeit zwischen Vermögensverfügung und Gesamtwertminderung

Aus dem Vergleich des Vermögensstandes vor und nach der Vermögensverfügung ist nur diejenige Veränderung des Gesamtvermögenswerts relevant, die die Vermögensverfügung unmittelbar bewirkt hat.[262]

Das Erfordernis der Unmittelbarkeit ergibt sich aus dem Betrugstatbestand, der den Eintritt des Vermögensschadens durch die auf der Täuschung beruhende Vermögensverfügung des Getäuschten für die Erfüllung des Tatbestandes fordert.[263] Um der Gefahr, die mittelbaren Folgen in den Vermögensschaden einzubeziehen, zu entgehen, ist damit die Unmittelbarkeit zwischen Gesamtwertminderung des Vermögens und der auf der Täuschungshandlung beruhenden Vermögensverfügung des Getäuschten zu fordern (Funktion oder Zusammenhang zwischen Irrtum und Vermögensschaden).[264] Spätere Werterhöhungen,[265] nachträgliche Wertminderungen[266] sowie eine nachfolgende Scha-

---

[260] Lackner, LK § 263, Rn 149, 163.

[261] Samson, JA 1978, 626f.

[262] Das Erfordernis der Unmittelbarkeit ist überwiegend im Schriftum anerkannt. In: Dreher/Tröndle, § 263 Rn 24, 26; Eser, StR IV, S. 125; Gallas, Eb. Schmidt-FS, S. 401; Geppert, JuS 1977, 69,70; Hansen, MDR 1975, 533; Krey, BT 2, S. 142; Lackner, LK § 263 Rn 99, 144; Samson, SK § 263 Rn 79; ders., JA 1978, 564,565; Sch/Sch/Cramer, § 263 Rn 61, 140; Wessels, BT 2, S. 128.

[263] F-C. Schroeder, Jura 1987, 113; Cramer, Vermögensbegriff, 206f; ders., JZ 1971, 415; Weidemann, Kompensationsproblem, S. 182f.

[264] Cramer, a.a.O.; Weidemann, a.a.O.

[265] Vgl. Dreher/Tröndle, § 263 Rn 36; Lackner, LK § 263 Rn 145.

[266] Vgl. Dreher/Tröndle, a.a.O.; Lackner, a.a.O., Rn 146.

densbeseitigung[267] haben damit außer Betracht zu bleiben. Verursacht erst ein nachfolgendes, weiters Handeln die Gesamtwertminderung des Vermögens, so hat die direkt auf der Täuschung beruhende Vermögensverfügung noch nicht nachteilig auf das Vermögen gewirkt und damit noch keinen Vermögensschaden i.S.d. § 263 hervorgerufen.

Im Zusammenhang mit der Unmittelbarkeitder Vermögensverfügung ist es besonders fraglich, ob im Eingehungsbetrug diese Unmittelbarkeit vorliegt.

D. Die Bestimmung der Gesamtwertminderung

Anknüpfend an der Vermögensverfügung kann die bilanzierte Gesamtbewertung des Vermögens im Rahmen von Vertragsverhältnissen, bei denen sich Leistung und Gegenleistung gegenüberstehen, auf den Zeitpunkt des Abschlusses des schuldrechtlichen Vertrags oder auf den Zeitpunkt der Vertragserfüllung bezogen werden.[268]

Im letzten genannten Fall kommt ein sog. Erfüllungsbetrug in Betracht, bei dem die Schadensberechnung auf der Grundlage des abgeschlossenen Vertrags erfolgt; Vergleich zwischen dem schuldrechtlichen Anspruch und der tatsächlich erbrachten Leistung. Durch einen Vergleich zwischen dem schuldrechtlichen Anspruch und der tatsächlich erbrachten Leistung muß ermittelt werden, ob die Leistung des Täters hinter dem zurückbleibt, was das Opfer verlangen konnte.[269]

Für den Eingehungsbetrug bildet der Abschluß des Vertrages den maßgeblichen Zeitpunkt für die Schadensberechnung. Beim sog. Eingehungsbetrug wird damit der Schaden durch einen Vergleich des Wertes der vom Getäuschten über-

---

[267] Dreher/Tröndle, a.a.O.; Lackner, a.a.O., Rn 147.

[268] Dreher/Tröndle, § 263 Rn 32; Lackner, LK § 263 Rn 222; Samson, SK § 263 Rn 168; Sch/Sch/Cramer, § 263 Rn 125; Tenckhoff, Lackner-FS, S. 678.

[269] RGSt 16, 10; 40, 27; OLG Hamm, NJW 60, 642; Lenckner, MDR 1961, 652; Lackner, LK § 263 Rn 227; Samson, a.a.O.; Sch/Sch/Cramer, § 263 Rn 126.

nommenen Verpflichtung mit dem Wert des erlangten Gegenanspruchsfestgestellt.[270] Ergibt sich unter Zugrundelegung von objektiv-individuellen Maßstäben, daß die eingegangene Verpflichtung den Wert des vertraglichen Gegenanspruchs übersteigt, liegt nach h.M. in Literatur und Rechtsprechung ein Eingehungsbetrug vor.[271] Die Rechtsprechung begründet dies in der Regel damit, daß schon in der Übernahme einer Verpflichtung aus einem wirtschaftlich ungünstigen Vertrag eine "schadensgleiche Vermögensgefährdung" liege.[272]

Es ist jedoch fraglich, ob die Unterscheidung zwischen Eingehungs- und Erfüllungsbetrug, so wie sie herkömmlich vorgenommen wird, begründet ist. Probleme wirft auch die Abgrenzung zwischen Versuch und Vollendung des Betruges auf. Denn der Schaden beim Eingehungsbetrug tritt in Form der schadensgleichen Vermögensgefährdung auf. Es wird nicht einheitlich beurteilt, nach welchen Kriterien die Abgrenzung zwischen einfacher und schadensgleicher Gefährdung erfolgen soll.

---

270 Dreher/Tröndle, § 263 Rn 32; Lackner, LK § 263 Rn 222; Sch/Sch/Cramer, § 263 Rn 128; Cramer, Vermögensbegriff, S. 171; Samson, Strafrecht II, S. 187; Seelmann, JuS 1982, 511; Tenckhoff, Lackner-FS, S. 678, 681.

271 Cramer, a.a.O.; Dreher/Tröndle, a.a.O.; Lackner, a.a.O.; Samson, a.a.O.; Tenckhoff, a.a.O.

272 RGSt 13, 1; BGHSt 3, 99; 15, 24; 16, 220; 21, 112; 23, 300; BGH NJW 1953, 836; BGH NJW 1985, 1563 mit Anm. Seelmann, JR 1986, 346; wistra 1987, 24.

2. Abschnitt
Die Schadensberechnung beim Eingehungsbetrug

A. Problemdarstellung : Vollendung des Betruges durch eine schadensgleiche Vermögensgefährdung

Nach dem Zivilrecht vollzieht sich die Abwicklung eines Schuldverhältnisses in zeitlich auseinanderliegenden Stufen, nämlich die Verpflichtung zur Leistung mit dem Vertragsabschluß und den Vollzug des Vertrages durch den Austausch von Leistung und Gegenleistung.[273]

Kommt es nun noch nicht zum Austausch der Leistungen, sondern bleibt es zunächst nur bei der Verpflichtung, so stellt sich die Frage, auf welchen Zeitpunkt bei der Berechnung des strafrechtlichen Vermögensschadens abzustellen ist, ob also bereits im Zeitpunkt des Abschlusses des Vertrages oder erst in dessen Vollzug, d.h. bei der Vertragserfüllung von Seiten des Opfers, ein Vermögensschaden vorliegt.

Der Schaden ist durch den Vertragsschluß noch nicht entgültig entstanden. Bei wirtschaftlicher Betrachtung setzt der Vermögensschaden aber nicht unbedingt den entgültigen Verlust des betroffenen Wertes voraus, weil im Wirtschaftsverkehr schon die Gefährdung eines Gegenstandes dessen Wert vermindert.[274] Ein Vermögen kann damit als geschädigt angesehen werden, wenn es in seinem rechtlichen Bestand zwar nicht angegriffen wird, aber unter wirtschaftlichen Gesichtspunkten in einen Zustand gerät, der einem Vermögensschaden gleichkommt. Deshalb wird in diesem Zusammenhang häufig von einer "schadensgleichen Vermögensgefährdung"[275] gesprochen.

---

[273] Sch/Sch/Cramer, § 263 Rn 125; Tenckhoff, Lackner-FS, S. 678.

[274] Lackner, LK § 263 Rn 151.

[275] Lackner betont ausdrücklich, daß die Unterscheidung zwischen einem effektiven Vermögensschaden einerseits und einer nur schadensgleichen Vermögensgefährdung andererseits keine qualitative, sondern nur eine quantitative sei. Beides seien Erscheinungsformen der "Wertminderung". Schadensgleiche Vermögensgefährdung sei damit in keinem Fall nur "schadensgleich". Lackner, LK, § 263 Rn 152. Vgl. auch Cramer, Vermögensbegriff, S. 125;

Allerdings resultieren folgende Schwierigkeiten aus der Anerkennung der Möglichkeit der Vollendung eines (Eingehungs-) Betruges durch eine schadensgleichende Vermögensgefährdung:

Die Anerkennung einer Vermögensgefährdung als Vermögensschaden führt zuerst zur Vorverlagerung des Schadenseintritts. Denn für den Vermögensschaden in Form der Vermögensgefährdung wird nicht erst der effektive Schadenseintritt, sondern bereits das Erreichen eines diesem vorhergehenden Stadiums als ausreichend angesehen. Aus dieser Vorverlagerung des Schadens in die Gefährdung ergibt sich einerseits die Schwierigkeit der Abgrenzung zwischen dem Versuch, bei dem das Merkmal des Schadens nicht erfüllt ist, und der Vollendung, bei der die Gefährdung dem Schaden gleichgestellt wird.

Die Gleichsetzung der bloßen Vermögensgefährdung mit dem Vermögensschaden, beinhaltet außerdem die Gefahr, daß das Merkmal der Unmittelbarkeit zwischen Verfügung und Schaden seine Bedeutung völlig einbüßt.[276] Denn der entgültige Schaden kann noch in der Zukunft liegen und u.U. erst durch eine weitere menschliche Handlung herbeigeführt werden. Der endgültige Schaden kann daher in diesem Sinne ein mittelbarer sein.[277] Die Vermögensverfügung ist jedoch nach der herrschenden Meinung in Literatur und Rechtsprechung[278] jedes Handeln, Dulden oder Unterlassen, das eine Vermögensminderung unmittelbar herbeiführt. Der Vermögensschaden soll unmittelbare Folge der Vermögensverfügung sein. Die Vermögensverfügung als solche reicht nicht, um die Vollendung des Betruges zu bejahen.

Lenckner, JZ 1971, 320.
Aus diesem Grund benutzt Riemann (Vermögensgefährdung, S. 7) nicht den Begriff "schadensgleiche", sondern "schadensdarstellende" Vermögensgefährdung. Im folgenden soll hier jedoch entsprechend der Rechtssprechung und h.M. der Begriff "schadensgleiche" Vermögensgefährdung verwendet werden, zumal zwischen den beiden Begriffen keine inhaltlichen Unterschiede bestehen.

[276] Naucke, StV 1985, 18; Sonnen, StV 1989, 479, 480.

[277] Arzt/Weber, LH3, Rn 430, 450; Herzberg, ZStW 89 (1977), 367, 381.

[278] BGHSt 14, 171; 18, 323.

Die Anerkennung des Schadens in Form der Gefährdung kann schließlich zu einer Vervielfachung der Anzahl der Geschädigten führen.[279] Denn der Täter kann unter Umständen wegen mehrfachen Betruges bestraft werden, wenn sich das Risiko des Nachteils auf mehrer Personen verteilt.

Aus diesen Gründen stellt sich zunächst die Frage, ob bereits im Zeitpunkt des Vertragsabschlusses oder erst bei der Vertragserfüllung des Getäuschten ein Vermögensschaden festgestellt werden kann.

Es muß demzufolge beantwortet werden, ob ein Eingehungsbetrug nur der typische Fall eines versuchten Betruges ist, oder ob er u.U. den Kriterien der Vermögensgefährdung entsprechend als Vermögensschaden anzusehen ist.

B. Rechtsprechung

1. Der Grundsatz, daß ein Vermögensschaden nach wirtschaftlicher Betrachtungsweise ohne Bestandsveränderung und allein durch eine Vermögensgefährdung herbeigeführt werden kann, ist in Rechtsprechung[280] und Literatur nahezu uneingeschränkt anerkannt.[281] Eine Folge davon ist, daß eine eindeutige Abgrenzung zwischen dem Versuch und Vollendung nach wirtschaftlicher Betrachtungsweise unmöglich ist, weil die geringste Gefahr im wirtschaftlichen Verkehr Einfluß auf den Wert eines Gutes haben kann. Folglicherweise hat die wirtschaftliche Betrachtungsweise zu einer immer weiteren Ausdehnung des Anwendungsbereiches des § 263 geführt.[282] [283]

---

[279] Arzt/Weber, LH 3, Rn 455.

[280] Vgl. etwa RGSt, 16, 1; 53, 260; 66, 409,411; BGHSt, 21, 112,113; 23, 300,304.

[281] Dagegen Naucke, StV 1985, 187; ders., Betrug, S. 215.

[282] Lenckner, JZ 1971, 321.

[283] Über die historische Entwicklung in Rechtssprechung und Literatur, vgl. Riemann, Vermögensgefährdung, S. 28ff.
Nach Naucke (StV 1985, 187) gehört der Begriff der Vermögensgefährdung heute zum feststehenden Arsenal der Betrugsdogmatik. Die höchstrichterliche Judikatur habe in Folge

Insofern bedarf es einer normativen Abgrenzungsmöglichkeit des Schadens vom Nichtschaden, um zu unterscheiden zwischen einer Vermögensgefährdung, die noch im Vorfeld einer Vermögensschädigung liegt und damit der typischen Situation des Versuchs entspricht, und der Gefährdung, die wegen ihrer wirtschaftlichen Auswirkung einem Vermögensschaden i.S. eines tatsächlich eingetretenen Substanzverlustes "gleich kommt".[284]

Die Rechtsprechung hat deswegen das Erfordernis einer "konkreten" Gefährdung entwickelt.[285]

In RGSt 16, 1 ging das RG auf die Vermögensgefährdung ein und führte darin aus, daß eine Vermögensgefährdung dann einen Vermögensschaden darstelle, wenn nach der konkreten Sachlage schon durch die eingetretene Gefahr eines Vermögensverlustes der Gesamtwert des Vermögens vermindert sei. Diese Formel hat die Rechtsprechung in der folgenden Zeit immer wieder verwendet. Danach ist eine wertmindernde Vermögensgefährdung nicht schon in jeder entfernten Möglichkeit des Verlustes eines Wirtschaftsguts oder der Vereitelung eines Anspruchs zu erblicken. Vielmehr liegt eine Vermögensgefährdung nur dann vor, wenn nach den Umständen des Einzelfalls die naheliegende Möglichkeit des endgültigen Verlusts der Vermögensposition besteht.[286] Erforderlich ist danach die Feststellung, daß die Vermögensgefährdung praktisch schon einer wirtschaftlichen Wertminderung gleichkommt.[287] Mit anderen

der kritiklosen Übernahme der reichgerichtlichen Rechtsprechung versäumt, nach den Möglichkeiten einer normativen Begrenzung des Schadensbegriffs zu suchen. Die Figur der Vermögesgefährdung gebe der Rechtssprechung eine bequeme Wendung in die Hand, die klare Stellungnahmen zu erübrigen scheint.

[284] Cramer, Vermögensbegriff, S. 125; Sch/Sch/Cramer, § 263 Rn 100; Lenckner, JZ 1971, 320; Schröder, JZ 1965, 513,516.

[285] RGSt 9, 168; RGSt 16, 1; BGHSt 2, 262; 3, 372; 15, 83; BGH wistra 87, 21; BGH StV 89, 64; BGHSt 21, 112,113; BGH JR 1978, 299; OLG Köln MDR 1975, 244; OLG Hamm NJW 1952, 439.

[286] RGSt 16, 1.

[287] BGHSt 16, 220,221.

Worten muß die Gefahr schon so hinreichend konkret sein, daß sie ohne weiteres in einen Schaden umschlagen kann.

2. Obwohl der BGH diese konkrete Gefährdung fordert, hat er keine eindeutigen Kriterien dafür entwickelt, unter welchen Voraussetzungen eine konkrete Gefährdung anzunehmen ist, sondern beruft sich allein auf "lebensnahe wirtschaftliche Gesichtspunkte".[288] Daß das Konkretheitserfordernis damit nicht viel Bedeutung bei der Beurteilung des Schadens hat, wird deutlich anhand der folgenden Fälle.

Als "klassisches" Beispiel dafür, daß auch eine bloße Vermögensgefährdung wirtschaftlich als Schaden betrachtet werden kann, wird ein Fall des gutgläubigen Erwerbs unterschlagener Sachen genannt, der früher unter der Bezeichnung "Makeltheorie" diskutiert wurde.[289] Gemeint ist damit die Situation, in der ein gutgläubiger Erwerber von einem Nichtberechtigen nach den Vorschriften des BGB Eigentum an einer nicht abhanden gekommenen Sache erhält.

Der BGH hat das Vorliegen eines Vermögensschadens unter dem Gesichtspunkt der schadensgleichen Vermögensgefährdung angenommen. Denn eine schadensgleiche Gefahr könne sich für den Erwerber daraus ergeben, daß ihm der frühere Eigentümer sein Eigentum streitig mache und er somit dem Risiko eines Rechtsstreits ausgesetzt sei.[290] Darüber hinaus bestehe die Gefahr, an einer gewinnbringenden Verwertung der gekauften Sache gehindert zu sein.[291] [292]

---

[288] BGHSt, JZ 1971, 339; BayObLG, NJW 1988, 2550; BGHSt 23, 300; Eser, StR IV, S. 152.

[289] Vgl. Dreher/Tröndle, § 263 Rn 31; Lackner, LK § 263 Rn 201; Samson, SK § 263 Rn 179f; Sch/Sch/Cramer, § 263 Rn 111.

[290] BGHSt 1, 92; 3, 370.

[291] BGHSt 15, 83.

[292] Der BGH hat immer daran festgehalten, in den fraglichen Fällen trotz gutgläubigen Eigentumserwerbs eine schadensgleiche Vermögensgefährdung anzunehen. Allerdings begründet er dies mittlerweile nicht mehr mit der "Makeltheorie", die er ablehnt, sondern mit den besonderen Umständen, unter denen sich Veräußerung und Erwerb der Sache vollziehen (BGH JR 1990, 517 mit Anm. Keller; Otto, JK 91, StGB § 263/33).

Auch in BGHSt 23, 300 wurde die Gefahr eines Zeitschriftsbestellers, sich nicht von seinem Bezugsvertrag lösen zu können, als Vermögensschaden angesehen. Im vorliegenden Fall hatte eine Hausfrau aufgrund einer Täuschung eine Zeitschrift abonniert, konnte dieses aber noch vor Bezahlung des Preises widerrufen, weil die Verlagsfirma stornierungsbereit war. Der BGH geht hier zuerst auf die Besonderheit des zu beurteilenden Falles ein, die darin lag, daß der Inhaber der Lieferfirma auf eine bloße Beanstandung des Bestellers hin ohne weiteres den Vertrag als nicht zustandegekommen behandelte. Dennoch kam der BGH unter Aufgabe der früheren Rechtsprechung[293] zu dem Ergebnis, daß die Besonderheit des Falles keine andere Beurteilung als die zulasse, daß es sich um den Normalfall eines Eingehungsbetruges handele. Auch in Fällen wie dem hier dargestellten sei das Vermögen des Bestellers bereits in einer Weise gefährdet worden, die bei einer "lebensnahen wirtschaftlichen Betrachtungsweise" einer Wertminderung und damit einer Schädigung des Vermögens gleichkomme. Denn es bestehe das Risiko, daß der Betroffene nach Erkennen der Unbrauchbarkeit des Gegenstandes aus irgendwelchen Gründen - sei es Geschäftsungewandtheit oder Bequemlichkeit - den Kaufpreis zahlen werde.[294]

Die Rechtsprechung sah also beim Abschluß eines gegenseitigen Vertrags bereits dann eine konkrete Gefahr und damit einen Schaden des jeweiligen Vertragspartners begründet, wenn der Täter beim Vertragsabschluß die Absicht hatte, den Vertrag schlecht zu erfüllen, auch wenn die rechtswirksam vereinbarten Leistungen wertgleich waren.[295] Dies könne auch dann der Fall sein, wenn die vom Täter versprochene Leistung nicht gleichwertig ist.[296] [297] Ist somit

[293] BGH GA 62, 213; auch OLG Hamm, NJW 1965, 702; OLG Hamm, NJW 1968, 624; OLG Celle, MDR 1969, 158.

[294] BGH 23, 300 (304).

[295] RGSt 9, 168,169; 16, 1; 44, 230,235; 74, 129,130; BGHSt 3, 99,102; 16, 220,221.

[296] RGSt 16, 1; BGHSt 16, 221; 21, 384; 23, 300; kritistisch hierzu Hirsch, Tröndle-FS, S. 32f.

[297] Bei wirtschaftlich ausgewogenen oder gar vorteilhaften Geschäften auch im Falle einer Täuschung - etwa durch Vorspiegelung werterhöhender Eigenschaften (BGHSt 16, 220) oder eines günstigen Gelegenheitskaufes(BGHSt 16, 321) kommt ein Eingehungsbetrug nicht in Betracht, da nur die beiderseitigen Vertragspflichten zu vergleichen sind; so die h.M. Vgl.

der Betrug schon mit dem Abschluß des obligatorischen Geschäftes vollendet, so kann die Abwicklung nur noch zur Tatbeendigung führen.[298] Die Praxis hat sich mit dem Erfüllungsbetrug durchweg nur beschäftigt, wenn ein Eingehungsbetrug von vornherein ausschied.[299]

Hinsichtlich der Beurteilung des Schadens reicht es nach der Rechtsprechung aus, daß der Getäuschte aufgrund des erfolgten Vertragsschlusses in die Gefahr gerät, nunmehr durch Vertragserfüllung sich selbst zu schädigen.[300]

3. Aber die Entscheidung von BGHSt 23, 300 hat in der Literatur starke Kritik hervorgerufen.[301] Ihr wurde vorgeworfen, die wirtschaftliche Betrachtungsweise habe den BGH dazu verleitet, den Versuch der Vollendung gleichzustellen, weil der Vermögensschaden und damit die Vollendung nur aufgrund einer bloßen abstrakten Gefahr bejaht wurde.[302] Dabei habe der BGH den Umstand nicht berücksichtigt, daß die Bestellerin ihre Leistung noch nicht erbracht hat. Es sei vielmehr eine Grenze zu ziehen zwischen der Gefährdung, die noch die typische Situation des Versuchs darstelle, und der Gefährdung, die bereits einer Vermögensschädigung gleichkomme.[303] Der BGH gebe mit seiner Entscheidung das Erfordernis einer konkreten Gefährdung preis.[304]

BGHSt 16, 220,221f; 16, 321,325; 23, 300,302; 30, 388,389; BGH, NJW 1985, 1563; BayObLG, MDR 1962, 70; Cramer, Vermögensbegriff, S. 174; Eser, GA 1962, 289,296f; Otto, JZ 1985, 69,72; Sch/Sch/Cramer, § 263 Rn 132.

[298] RGSt 66, 175; Bilda, MDR 1965, 541; Jescheck, Welzel-FS, S. 683,688; Lackner, § 263 Rn 292.

[299] OLG Hamm GA 1957, 212; Bilda, a.a.O.; a.A. BayObLG, JR 1974, 336; Tenckhoff, a.a.O. S. 680.

[300] BayObLG JZ 1974, 189, 216; Tenckhoff, Lackner-FS, S. 78.

[301] Zustimmend Graba, NJW 70, 2221; Schröder, JR 71, 74; kritisch Lenckner, JZ 71, 320; D. Meyer, MDR 71, 718.

[302] Lackner, LK, § 263 Rn 216; Lenckner, JZ 1971, 320; Meyer, MDR 1971, 718; Schröder, JZ 1971, 74.

[303] Lackner, LK § 263 Rn 216.

[304] Lenckner, JZ 1971, 320.321; Schröder, JR 1971, 74.

Zunehmend wurde in der Literatur versucht, die Strafbarkeit des vollendeten Betruges einzuschränken. Im Anschluß an Lenckner[305] hat besonders Cramer[306] versucht, einer durch das Eingehen einer schuldrechtlichen Verbindlichkeit eingetretenen Gefährdung dann die Anerkennung als Schaden zu verweigern, wenn dem Betroffenen genügend zivilrechtliche Gegenrechte - besonders die Anfechtungsmöglichkeit nach § 123 BGB - zur Verfügung stehen. Genauso, wenn der Täter vorzuleisten hat oder Erfüllung Zug um Zug vereinbart wurde.[307]

Der BGH hat den Gedanken von Lenckner und Cramer zum Teil in seinen Entscheidungen berücksichtigt. Er hat demgemäß entschieden, daß eine schadensgleiche Gefährdung durch den Abschluß eines Vertrages in der Regel dann nicht gegeben sei, wenn der getäuschte Vertragspartner im Vertrag eine Lieferung Zug um Zug gegen Barzahlung vereinbart hat. Der Getäuschte könne dann auf eine Vorleistung des Vertragspartners bestehen und sei auf diesem Wege von vornherein gegen einen Schadenseintritt abgesichert, da insoweit der Getäuschte seine Leistung von der Bewirkung der versprochenen Gegenleistung abhängig machen kann.[308] [309] Nach dem BGH fehle es auch an einem Vermögensschaden im Sinne einer konkreten Vermögensgefährdung, wenn der Minderwert des Anspruchs auf Darlehensrückzahlung durch ausreichende Sicherheiten ausgeglichen wird, die es dem Gläubiger ermöglichen, sich ohne Schwierigkeiten wegen seiner Forderung zu befriedigen.[310]

Im Fall BGH StV 1985,186 bot A einer Bank 20 Münzen zum Ankauf an. Er erklärte sich damit einverstanden, daß die Münzen zunächst einer Echtheitsprüfung untergezogen werden, ehe es zu einem Vertragsschluß kommen sollte.

---

[305] Lenckner, MDR 1961, 652; ders., NJW 1962, 86.

[306] Cramer, Vermögensbegriff, S. 135, 138f.

[307] Lackner, JZ 1971, 320; Sch/Sch/Cramer, § 263 Rn 132.

[308] MDR bei Dallinger 73, 370; 75, 196; Köln JZ 67, 576.

[309] BGH bei Dallinger MDR 1973, 370, 210.

[310] BGH StV 1985, 186.

Vor Abschluß dieser Prüfung veranlaßte er jedoch den Prokuristen der Bank, ihm 20000 DM als Anzahlung auf den Ankauf der Münzen vorzuschießen. Die Beteiligten waren sich darüber einig, daß im Falle des Vorliegens von Fälschungen die 20000 DM von A zurückgefordert werden könnten, und zwar durch Belastung seines Kontos. Der A war rückzahlungswillig und als Eigentümer mehrerer bekannter wertvoller Grundstücke vermögend.

Auch im Fall BGH bei Dallinger MDR 1975, 196 versprach A dem Verkäufer beim Abschluß eines Kaufvertrages über ein Grundstück die Erfüllung seiner Zahlungsverpflichtungen zu den im Vertrag bestimmten Termin, obwohl er wußte, daß ihm eine termingerechte Zahlung nicht möglich sein werde, und ihm sehr zweifelhaft war, ob er den Kaufpreis überhaupt aufbringen konnte. Nach dem BGH scheidet ein vollendeter Betrug aus, wenn die Auflassung oder zumindest die Eintragung des Käufers im Grundbuch von der vorherigen Erfüllung seiner Zahlungsverpflichtung abhängt.

Der BGH hat die Annahme eines Schadens unter dem Gesichtspunkt einer Gefährdung ferner auch ausgeschlossen, wenn dem getäuschten Vertragspartner ein vertragliches Rücktrittsrecht eingeräumt wurde, da das Vertragsbestandteil gewordene Rücktrittsrecht einen vollwertigen Ausgleich für die durch den Vertragsschluß eingetretene Minderung des Vermögens bilde.[311] Denn der Vertragspartner könne durch einseitige Erklärung den Vertrag zu Fall bringen, ohne daß er den im Ausgang ungewissen Weg der Anfechtung beschreiten müsse. Bei diesem Partner liege also eine der Vermögensschädigung gleichzuachtende Vermögensgefährdung nicht vor.[312]

4. Die Entscheidungen des BGH zeigen, daß er unter dem Einfluß des Schrifttums versucht hat, die Konkretheit der Gefahr beim Eingehungsbetrug eng auszulegen.

---

[311] BGHSt 34, 202 mit Anm., Bottke, JR 87, 427; Otto, JK 87, StGB § 263/22; Müller-Christmann, JuS 88, 108.

[312] BGH bei Dallinger MDR 1971, 546.

Was die konkrete Gefährdung beim Eingehungsbetrug angeht, hat der BGH grundsätzlich einen Vermögensschaden durch die konkrete Gefährdung schon beim Vertragsabschluß bejaht. Nur ausnahmsweise sei die schadensgleichende Vermögensgefährdung auszuschließen, wenn der Täter Vorleistungspflicht hat oder, wenn es um ein Zug um Zug Geschäft geht. Der vollendete Betrug kann nämlich dem BGH zufolge erst angenommen werden, wenn es ausschließlich in der Hand des Täters liegt, ob die durch den Vertragsabschluß entstandene Gefährdung in einen endgültigen Schaden umschlägt.

Der BGH berücksichtigt aber nicht den Umstand, daß ein Austausch der Leistungen aufgrund des Vertrages noch nicht stattgefunden hat, keine faktische Vermögensverschiebung damit vollzogen werden ist. Die Anerkennung des Schadens beim Eingehungsbetrug in einer schadensgleichenden Vermögensgefährdung ermöglichte damit Rechtsprechung ohne dogmatische Schwierigkeiten eine weitreichende Ausdehnung des Anwendungsbereiches des Eingehungsbetruges.

C. Meinungsstand in der Literatur

Das Schrifttum ist der Rechtsprechung in der Behandlung der Strafbarkeit des Eingehungsbetruges überwiegend gefolgt.[313]

I. Eingehungsbetrug als Vollendung des Betruges

1. Arzt

Arzt vertritt den Standpunkt, daß in den Fällen des Eingehungsbetruges grundsätzlich nicht bloß eine Gefährdung, sondern bereits ein endgültiger Schaden vorliege.[314] Zur Begründung verweist er insbesondere auf die Entscheidung

---

[313] Vgl. Dreher/Tröndle, StGB, § 263 Rn 30; Lackner, LK § 263 Rn 222, Anm. VI 2; Maurach/Schroeder, BT, S. 419; Samson, SK § 263 Rn 133.

[314] Arzt/Weber, LH 3, Rn 453.

BGHSt 23, 300. Nach Ansicht von Arzt wird die Bereitschaft des Betrügers, den Schaden sofort zu ersetzen, wenn das Opfer die Täuschung bemerkt und reklamiert, bei der Kompensation nicht berücksichtigt. Im vorliegenden Fall stelle also die Stornierungsbereitschaft des Zeitschriftenverlages hinsichtlich der bestellten Hefte eine nachträgliche Schadenswiedergutmachung dar. Bei ihr handele es sich um Schadensersatz, sie setze mithin eine bereits endgültige Schädigung und nicht erst eine Gefährdung voraus.[315]

Zu Recht hält Lackner[316] das von Arzt vorgetragene Argument für nicht tragfähig. Es entferne sich von den Grundsätzen wirtschaftlicher Betrachtungsweise. Wer im Rahmen eines Kaufvertrages eine Verpflichtung übernimmt, von der feststeht, daß er sie nicht wird erfüllen müssen, ist wirtschaftlich schon nicht belastet, so daß sein Vermögen keine Einbuße erleidet. Eine Aufspaltung des gesamten tatsächlichen Vorgangs in eine zunächst erfolgte Belastung und eine erst später eintretende Entlastung läßt sich demnach nur mit rechtlichen Erwägungen begründen, die jedoch keine wirtschaftliche Grundlage haben.[317]

2. Die herrschende Auffassung

Die Vermögensgefährdung ist nach dieser Auffassung dann konkret, wenn der Vermögensträger der Gefahr nicht mehr wehren kann, oder wenn der endgültige Schadenseintritt nur eine Frage der Zeit ist.[318]

Der Schaden in Form einer konkreten Gefährdung sei in den Fällen des Eingehungsbetruges grundsätzlich bereits mit Vertragsabschluß anzunehmen; denn der

---

[315] Cramer, Vermögensbegriff, S. 175ff; Eser, StR IV, S. 139; Meyer, MDR 1975, 357; Samson, § 263 Rn 167; Sch/Sch/Cramer, § 263 Rn 131f.

[316] Lackner, LK § 263 Rn 225.

[317] Lackner, a.a.O.

[318] Arzt/Weber, Strafrecht, BT, LH 3, Rn 448ff; Bockelmann, Strafrecht, BT, § 11 A II 3b, dd, ß; Haft, Strafrecht, BT, S. 212f; Krey, Strafrecht, BT, 2, 149f; Wessels, Strafrecht, BT/2, § 13 II 4b, 6.

Getäuschte erfährt nach der wirtschaftlichen Vermögenslehre durch den Abschluß des gegenseitigen Vertrages eine (negative) Veränderung in seinem Vermögensbestand. Ein mit einem Risiko behaftetes Vermögen sei wirtschaftlich gesehen in seinem Wert gemindert. Eine dem Vertragsabschluß nachfolgende Erfüllung des Vertrages durch den Getäuschten bedeute lediglich die Vertiefung des bereits mit Vertragsschluß eingetretenen Vermögensschadens.[319]

Der Eingehungsbetrug bei wirtschaftlich ausgewogenen oder vorteilhaften Geschäften - etwa durch Vorspiegelung werterhöhender Eigenschaften oder eines günstigen Gelegenheitskaufes - komme damit nicht in Betracht.[320] Es bleiben also nur Fälle, in denen der Vertragsschluß für den Getäuschten wirtschaftlich nachteilig ist. Der Getäuschte habe nämlich für die Übernahme der Verpflichtung zu der höherwertigen Leistung nur einen Anspruch auf die geringer wertige Gegenleistung erlangt.

An der herrschenden Lehre wurde kritisiert, daß sie die von der Rechtsprechung auf diesem Gebiet betriebene Entwicklung nahezu kritiklos begleitet habe.[321] Mit dem Merkmal der "Konkretheit" bleiben noch die Schwierigkeiten der Abgrenzung des Schadens vom Nichtschaden, weil es nicht hinreichend geklärt ist, welche Intensität eine Gefahr erreichen muß, um schon als konkret oder noch als abstrakt angesehen zu werden. Das Erfordernis der konkreten Vermögensgefährdung[322] wird bei der Bewertung einer Gefahr als schadensgleich oft uneinheitlich verwendet, weshalb der Verweis auf die "konkrete Gefährdung" zum einen "nichtssagend", zum anderen "irreführend" ist.[323]

---

[319] Krey, BT 2, S .186; Lackner, LK § 263 Rn 223; Seelmann, JuS 1982, 512.

[320] Vgl. BGHSt 16, 220,221f; 16, 321,325; 23, 300,302; 30, 388,389; BGH NJW 1985, 1563; Cramer, Vermögensbegriff, S. 174; Eser, GA 1962, 289,296; Otto, JZ 1985, 69,72; Sch/Sch/Cramer, § 263 Rn 132.

[321] Lackner, LK § 263 Rn 153; Riemann, Vermögensgefährdung, S. 49.

[322] Samson, § 263 Rn 166.

[323] Otto, Jura 1991, 495.

3. Die die h.M. einschränkenden Auffassungen

Im Schrifttum sind aber zunehmend Bestrebungen erkennbar geworden, eine wirksamere Einschränkung des Begriffes der Vermögensgefährdung zu erreichen, um der Ausweitung des Anwendungsbereiches des § 263 entgegenzuwirken.[324]

a) Lackner

Zunächst hat Lackner versucht, die herrschende Auffassung leicht zu einzuschränken.[325]

Die Auffassung von Lackner[326] geht davon aus, daß der vollendete Betrug durch die Vermögensgefährdung dort abzulehnen ist, wo zum endgültigen Verlust einer Vermögensposition eine weitere Handlung des Opfers aufgrund des fortwirkenden Irrtums erforderlich ist.[327] Es kann nämlich für das Vorliegen einer schadensgleichen Vermögensgefährdung nicht ausreichen, wenn der Getäuschte infolge seiner Fehlvorstellung erst in die Gefahr gerät, demnächst selbst aufgrund des fortwirkenden Irrtums eine Handlung vorzunehmen, die dann eine spürbare wirtschaftliche Schlechterstellung nach sich zieht.[328]

Aber wenn die auf dem Irrtum beruhende Verfügung des Getäuschten die Wahrscheinlichkeit begründe, daß der Täter oder ein Dritter die entgültig schädigende

[324] Vgl. Dreher/Tröndle, § 263 Rn 31; Lackner, LK § 263 Rn 153; Samson, SK § 263 Rn 167; ders., Strafrecht II, S. 188.

[325] Lackner, LK § 263 Rn 225.

[326] Lackner, LK § 263 Rn 153.

[327] Auch Samson, § 263 Rn 166; Sch/Sch/Cramer, § 263 Rn 143ff.

[328] Lackner, LK § 263 Rn 153.

Handlung vornehmen werde, liege die Möglichkeit des Vermögensschadens durch die Gefährdung vor.[329]

Nach Lackner trifft das Erfordernis einer konkreten Gefahr im Rahmen des Eingehungsbetruges nicht generell zu. Denn in Fällen eines vertraglich eingeräumten Rücktrittsrechts könne es durchaus so liegen, daß der Käufer infolge seiner Geschäftsungewandtheit oder sogar auf Grund sinnvoller wirtschaftlicher Erwägungen, etwa weil der Aufwand einer Rechtsverfolgung im Hinblick auf den geringen Preis der Ware unverhältnismäßig erscheine, an dem nachteiligen Vertrag festgehalten werde; und umgekehrt könnten in den Fällen der vorbehaltlosen Stornierungsbereitschaft der Firma Gründe in der Person des Käufers vorliegen, die es von vornherein ausschließen, daß er sich mit dem Vertrag abfinden wird. Deshalb könnten hier nur die Umstände des Einzelfalls den Ausschlag geben.[330]

b) Lenckner

Lenckner hat eine noch weitergehende Einschränkung für erforderlich gehalten.

Lenkner[331] vertritt den Standpunkt, daß der Abschluß eines Vertrages als Vorstufe der eigentlichen Vermögensverschiebung für den Betroffenen zunächst nur eine Gefahr begründe, da er erst demnächst eine vermögensmindernde Leistung erbringen werde. Eine Vermögensgefährdung stelle nur dann eine Vermögensschädigung dar, wenn sich die Gefahr einer realen Einbuße von Vermögenswerten bereits so sehr verdichtet habe, daß diese nach einem objektiven Urteil praktisch schon jetzt endgültig "abgeschrieben" werden müßten.[332] Dies sei dann der Fall, wenn der Täter bereits eine solche Position erlangt habe, in der er den fraglichen Vermögenswert unmittelbar und ohne Schwierigkeit realisieren

---

[329] Lackner, a.a.O.

[330] Lackner, LK § 263 Rn 225.

[331] Lenckner, JZ 1971, 323,324.

[332] Lenckner, a.a.O.

könne und dabei nicht ausgeschlossen sei, daß er dies tatsächlich tun werde. Auf Seiten des Betroffenen, der diesen Wert zwar faktisch noch in seinem Vermögen habe, sei ein Vermögensschaden anzunehmen.[333]

Stehe es dagegen noch in der Macht des getäuschten Partners, die Geltendmachung und Durchsetzung des gegen ihn gerichteten Anspruchs zu verhindern, so bleibe die Tat bis zur tatsächlichen Weggabe des geschuldeten Vermögenswertes im Stadium des Versuches. Das ist der Fall, wenn der Täter vorzuleisten hat oder Erfüllung Zug um Zug vereinbart ist.[334]

Lenckner differenziert damit die Fallkonstellationen beim Eingehungsbetrug.

Ob diese Gefahr bereits einem realen Schaden gleichkommt, hängt nach Lenckners Ansicht davon ab, ob das Opfer beim Vertragsschluß in eine Lage geraten ist, die bei natürlicher Weiterentwicklung sicher oder doch höchst wahrscheinlich dazu führen wird, daß der Täter seine Forderung ohne Schwierigkeit realisiern kann. Eine konkrete Gefahr entfalle somit, wenn ein Anfechtungsrecht ohne Schwierigkeit realisiert werden kann. Das Gefahrurteil hat aber alle Umstände des Einzelfalles einzubeziehen, die es dem Getäuschten aus rechtlichen oder tatsächlichen Gründen unmöglich machen, dem Leistungsverlangen des Täters mit Erfolg entgegenzutreten. Daraus folgt, daß die Vollendung des Eingehungsbetruges im Zeitpunkt des Vertragsabschlusses noch nicht einheitlich beantwortet werden kann.[335]

c) Cramer

Auch Cramer hat die Rechtsprechungen kritisiert, die von der wirtschaftlichen Betrachtungsweise verleitet worden sei, den Versuch der Vollendung gleichzustellen.[336]

---

[333] Lenckner, JZ 1971, 320; so auch Schröder, JZ 1965, 515.

[334] Lenckner, a.a.O..

[335] Lenckner, JZ 1971, 323,324.

[336] Sch/Sch/Cramer, § 263 Rn 143; Cramer, Vermögensbegriff, S. 131ff.

Es sei im Hinblick auf Art. 103 II GG erforderlich, die Tatbestandsbestimmtheit zu gewährleisten. Nach seiner Auffassung hat das Zivilrecht genaue Vorstellungen davon, wann eine Gefahr für ein Vermögensgut gleichkomme.[337]

Nach Cramer kommen nur solche Vermögensgefährdungen als Schaden i.S.d. § 263 in Betracht, für die zivilrechtlich ein Ausgleich - sei es durch Schadensersatz oder sei es durch einen Anspruch auf Beseitigung der Beeinträchtigung - gewährt wird.[338] Denn das Zivilrecht gebe die genaue Vorstellung, wann sich eine Gefahr für ein Vermögensgut so weit verdichtet habe, daß ein Ausgleich notwendig sei, wobei dieser Ausgleich bei der Vermögensgefährdung jedoch nicht in einem Wertgleich bestehe, sondern in dem Anspruch auf Beseitigung der Umstände, aus denen sich das Gefährdungsmoment ergibt.[339] Ist also im Vertrag anfechtbar, kommt damnach grundsätzlich eine schadensgleiche Vermögensgefährdung im Betracht.

Anders sei es jedoch dann, wenn der Betroffene den Vertrag ohne Beweisschwierigkeiten anfechten könne oder der Getäuschte auf einer Leistung Zug um Zug bestehen könne.[340] Deshalb sei in all diesen Fällen eine schadensgleiche Vermögensgefährdung zu verneinen. Entsprechendes gelte auch bei einem vertraglich vereinbarten oder gesetzlichen Rücktrittsrecht. Die Vermögensgefährdung stelle nur dann einen Schaden dar, wenn für den Zeitpunkt des Vertragsabschlusses die konkrete Prognose möglich sei, der Getäuschte werde nicht imstande sein, seine Rechte wahrzunehmen. In diesen Fällen liege ein vollendetes Vermögensdelikt erst vor, wenn der Betroffene unter Verzicht auf sein Leistungsverweigerungsrecht vorleistet und damit die Sicherung für seinen eigenen wirtschaftlich gefährdeten Anspruch aufgibt.[341] [342]

---

[337] Cramer, a.a.O.

[338] Cramer, a.a.O.

[339] Cramer, Vermögensbegriff, S. 131; auch Sch/Sch/Cramer, § 263 Rn 143.

[340] Cramer, Vermögensbegriff, S. 177f; Sch/Sch/Cramer, § 263 Rn 131f; Tenckhoff, Lackner-FS, S. 684.

[341] BGHSt 34, 199 mit Anm. Bottke, JR 87, 428.

II. Eingehungsbetrug als Versuch des Betruges

Noch darüber hinausgehend sehen einige Autoren[343] - angeführt von Schröder[344] - im Eingehungsbetrug grundsätzlich die typische Konstellation des Versuches.

1. Schröder

Schröder sieht das Problem der Vermögensgefährdung ebenfalls in der Ausdehnung auf Kosten des Betrugsversuches.

Nach Schröder[345] soll es nicht genügen, wenn es für die endgültige Herbeiführung des Schadens noch weiterer Handlungen - sei es des Täters, des Getäuschten oder anderer Personen - bedürfe. Daran liege eine unzulässige Vorverlegung der Tatvollendung in den Versuchsbereich und eine ausgedehnte Anwendung des § 263 auf Kosten der Versuchstrafbarkeit.[346]

---

[342] Auch Eser (StR IV, S. 139) hat vertritt, daß das Bestehen eines Anfechtungsrechtes gem. § 123 BGB eine Vermögensgefährdung und damit einen vollendeten Eingehungsbetrug ausschließen soll. Der Eintritt einer schadensgleichen Gefahr sei grundsätzlich zu verneinen, so lange der Getäuschte in der Lage ist, mit Hilfe der Anfechtung die Erfüllung des Vertrages zu verweigern. Demzufolge sei beim Eingehungsbetrug bei Vorliegen eines Anfechtungsrechtes lediglich ein Versuch anzunehmen (StR IV, S. 139.).

[343] Amelung, NJW 1975, 624; Kohlrausch/Lange, § 263 Anm. V 2a; Puppe, MDR 1973, 12f; Roxin/Schünemann/Haffke, Klausurenlehre, S. 323; F-R. Schmidt, Vermögensschaden, S. 72.

[344] Amelung, a.a.O.; Kohlrausch/Lange, a.a.O.; Puppe, a.a.O.; Roxin/Schünemann/Haffke, a.a.O.; F-R. Schmidt, a.a.O.

[345] Schröder, JZ 1965, 513; auch Amelung NJW 1975, 357, 358; D. Meyer, MDR 1971, 718; MDR 1975, 357,358.

[346] Schröder, JZ, 1965, 513; ders., JR 1966, 393; ders., JZ 1967, 571; ders., JR 1968, 346; ders., JR 1971, 74; ders., Gallas-FS, S. 329.

Eine Vermögensgefährdung kann nach Schröder nur dort als Vermögensschaden gelten, wo der Getäuschte aufgrund der Verfügung bereits eine Lage geschaffen hat, in der der endgültige Verlust eines Vermögenswertes nicht mehr wesentlich von seinem Zutun abhängt.[347] Solange noch eine weitere Handlung im Herrschaftsbereich des Getäuschten erforderlich ist, der Betroffene also das Geschehen noch nicht endgültig aus der Hand gegeben hat, könne es sich allenfalls um eine das Stadium des Versuchs kennzeichnende Gefährdung handeln und die letzlich zum Schaden führende Verfügung trete erst anschließend auf.[348]

Schröder hat die Folgerung aus seiner Auffassung gezogen, daß es nach dem Vertragsschluß in aller Regel noch kein Schaden, sondern nur die Gefahr bestehe, demnächst eine vermögensmindernde Leistung erbracht werde, weil es zur Herbeiführung des eigentlichen Schadens noch der Erfüllungshandlung des Getäuschten bedarf. Die Anerkennung dieser Gefahr als Schaden bringe eine unzulässige Vorverlagerung der Tatvollendung in den Versuchsbereich mit sich. Daher liege im Abschluß eines ungünstigen Vertrages regelmäßig nur ein versuchter Betrug.[349]

2. Verneinung des Schadens durch Vermögensgefährdung

a) Naucke

Schließlich hat sich auch bereits in früherer Zeit Naucke[350] gegen die Einbeziehung des ungünstigen Vertragsabschlusses in den Schadensbegriff ausgesprochen; nach seiner Auffassung kann die bloße Vermögensbelastung nicht als Schaden ausreichen.[351]

---

[347] Schröder, JZ 1965, 513.

[348] Schröder, a.a.O.

[349] Lackner, LK § 263 Rn 153.

[350] Naucke, Betrug, S. 91, 120ff, 215.

[351] Naucke, Betrug, S. 215; ders., StV, 1985, 187.

Naucke macht in erster Linie verfassungsrechtliche Bedenken gegen die Anerkennung der Vermögensgefährdung als Vermögensschaden geltend.[352]

Ausgangspunkt seiner Überlegungen ist Art. 103 Abs. 2 GG. Nauckes Ansicht nach ergibt sich aus dem Erfordernis, daß die Strafbarkeit im Sinne dieses Artikels "gesetzlich bestimmt" war, die Verpflichtung, "einen Straftatbestand nur in der vom Gesetzgeber wirklich (empirisch) gewollten Form anzuwenden (sog. historische oder subjektive Auslegung)".[353] Nach dieser von Naucke befürworteten subjektiv-historischen Auslegungsmethode kommt der Entstehungsgeschichte und dem Willen des historischen Gesetzgebers maßgebliche Bedeutung zu.

Die wirtschaftliche Betrachtungsweise, mit der nach seiner Auffassung allein die Gefährdung dem Schaden gleichgestellt werden könnte, liege nicht in der Intention des historischen Gesetzgebers und sei daher als eine gegen die Garantie des Art. 103 Abs. 2 GG verstoßende objektive Interpretation zu bewerten. Nach Naucke füllt nur der materielle Verlust an Geld, Sachen oder Rechten das Tatbestandsmerkmal der Vermögensschadens aus. Damit fällt für ihn die bloße Belastung oder Gefährdung des Vermögens aus dem Schadensbegriff heraus.[354]

Der Standpunkt von Naucke ist in grundsätzlicher Hinsicht vielfach kritisiert worden.[355] Hauptsächlich setzt sich die Auffassung Nauckes folgender Kritik aus:[356] Sie stehe in völligem Gegensatz zu der im Strafrecht als herrschend anerkannten Tatbestandsauslegung, wobei das Schwergewicht auf der teleologi-

---

[352] Naucke, Betrug, S. 215; ders., StV 1985, 187.

[353] Betrug, S. 202.

[354] Betrug, S. 215.

[355] Vgl. Arzt/Weber, LH 3, Rn 381; Cramer, Vermögensbegriff, S. 30ff; Hirsch, ZStW 81 (1969), 917.

[356] Ausführliche Kritik bei Schönke/Schröder/Eser, § 1 Rn 46; Cramer, Vermögensbegriff, S. 30ff.

schen objektiven Auslegungsmethode liegt.[357] Schließlich vermag nur die Berücksichtigung der objektiven teleologischen Auslegung einem sinnvollen Norm- und Gesetzesverständnis in einer Wandlungen unterworfenen Rechtsgemeinschaft gerecht zu werden.[358]

b) Otto

Grundsätzliche Kritik an der Identifizierung von Vermögensgefährdung und Vermögensschaden hat auch Otto[359] geäußert.[360]

Otto beruft sich zur Begründung seiner Ansicht ebenfalls in erster Linie auf Art. 103 Abs. 2 GG.[361] Anders als Naucke gelangt Otto jedoch nicht unter Berufung auf den Willen des historischen Gesetzesgebers, sondern unter besonderer Berücksichtigung des Wortsinns zu einer Ablehnung der Konstruktion der Vermögensgefährdung. Seiner Meinung nach kann eine - auch konkrete - Vermögensgefährdung als solche begriffsnotwendig niemals ein Vermögensschaden sein. Denn die konkrete Gefahr eines Schadens sei gerade eine Vorstufe des Schadens und könne daher dort nicht mit dem Schaden gleichgestellt werden, wo der Gesetzgeber ausdrücklich einen Schaden voraussetze.[362] Es widerspreche daher eindeutig Art. 103 Abs. 2 GG, dem Grundsatz der Tatbestandsbestimmtheit.[363]

---

[357] Naucke, Betrug, S. 7.

[358] Rudolphi, SK § 1 Rn 31ff; Schönke/Schröder/Eser, § 1 Rn 45ff; Tröndle, LK § 1 Rn 44ff.

[359] Otto, BT, S. 234; ders., Struktur, S. 276.

[360] Vgl. auch Otto, Jura 1991, 494.

[361] So auch Labsch, Untreue, S. 321.

[362] Otto, Vermögensschutz, S. 275.

[363] Otto, BT, S. 227; ders., JK, StGB § 263/19.

Nach ihm sei jedoch einsichtig, daß sich hinter einer sprachlichen Ungenauigkeit der Vermögensgefährdung eine sachlich durchaus richtige Aussage verberge; Vermögensschaden im Sinne eines effektiven Entzugs eines Vermögensgutes und jene Vermögensgefährdungen, die zu einer Vermögenswertminderung führen, begründeten den Schaden im Sinne des § 263. Die hier relevante konkrete "Vermögensgefährdung" sei daher entgegen einer viel gebrachten Redeweise niemals nur "schadensgleich", sie begründe vielmehr eine Vermögensminderung und stelle daher einen Schaden dar.[364]

Obwohl er sich grundsätzlich gegen die Gleichsetzung von Vermögensgefährdung und Vermögensschaden ausspricht, stellt nach seiner Ansicht der Eingehungsbetrug jedoch insoweit einen Betrug i.S.d. § 263 dar, als er den Vermögenswert - verstanden als effektive Minderung der wirtschaftlichen Potenz des Berechtigten - vermindert.[365] Einen Vermögensschaden durch Vermögensminderung erleide demnach derjenige, der durch Täuschung einen Vertrag schließt, bei dem seiner Forderung kein Wertäquivalent gegenübersteht, auch wenn ein Anfechtungsgrund gegeben ist, der Betroffene diesen aber nicht kennt oder sein Vorliegen beweisen muß, was ihm nicht möglich ist.[366]

Die Auffassung Ottos zeigt damit, daß er mit seiner Meinung nicht so erheblich von der in Rechtsprechung und Literatur herrschenden Auffassung zur Vermögensgefährdung abweicht, wie es zunächst den Anschein hat. Der Unterschied zur herrschenden Ansicht liegt allein im Sprachgebrauch; Otto verzichtet auf den Begriff der Vermögensgefährdung, nicht aber auf die Anerkennung des Schadens im Gefährdungsbereich.

[364] Otto, Jura 1991, 495.

[365] Otto, a.a.O.

[366] Otto, a.a.O.

D. Stellungnahme: Eingehungsbetrug als Versuch des Betruges

In bezug auf den Begriff "Vermögensgefährdung" erscheint es - wie Otto meint - auf den ersten Blick fraglich, ob dieser vom Wortsinn des Tatbestandsmerkmales "Schaden" noch umfaßt wird. Denn ein Schaden setzt den Eintritt eines Deliktserfolges, grundsätzlich also eine Verletzung des Vermögensgüterbestandes, voraus. Die Gefährdung ist dagegen als Vorstufe der Verletzung aufzufassen, m.a.W. die Gefahr kann definiert werden als die objektive Möglichkeit eines schädigenden Ereignisses.[367]

Aber die wirtschaftlichen Konsequenzen einer Vermögensgefährdung können für den Betroffenen die gleichen sein, wie bei einem tatsächlich bereits eingetretenen Vermögensverlust.[368] Gleichgültig ist es, ob dieser Begriff statt "schadensgleiche", als "schadensdarstellende"[369] oder "vermögenswertmindernde"[370] bezeichnet wird. Diese Begriffe treffen auf den Bereich zu, in dem der tatsächliche oder rechtliche Bestand eines Wirtschaftsgutes im Rahmen des Gesamtvermögens nicht berührt ist, die Werteinbuße vielmehr nur daraus hergeleitet wird, daß das Gut als solches oder, sofern es sich um einen Anspruch handelt, dessen Realisierung gefährdet ist.[371] Unter wirtschaftlichen Gesichtspunkten vermindert nämlich die Gefahr eines künftigen Verlustes bereits die gegenwärtigen wirtschaftlichen Kräfte und wirkt sich damit vor dem "eigentlichen" Schadenseintritt bereits als Vermögensschaden aus.[372]

Aus diesen Leitlinien der Vermögensgefährdung lassen sich jedoch keine allgemeinen abstrakten Kriterien der Konkretheit der Gefahr für allen Fälle ableiten, die unter den Begriff der Vermögensgefährdung zusammengefaßt wer-

---

[367] Vgl. Otto, JK 91, StGB, § 263/33.

[368] Lenckner, JZ 1971, 322.

[369] Riemannn, Vermögensgefährdung. S. 7.

[370] Otto, Jura 1991, 495.

[371] Lackner, § 263 Rn 152.

[372] Lackner, a.a.O.

den können. Denn im Wirtschaftsverkehr sind die Situationen, die als schadensgleichende Vermögensgefährdung bezeichnet werden können, sehr unterschiedlich. Es lassen sich deshalb für Umfang und Grenzen der Vermögensgefährdung keine abstrakte Regeln aufstellen; es kommt vielmehr immer auf den wirtschaftlichen Zusammenhang an, in dem die jeweilige Gefährdung auftritt. Diese Frage wird deshalb im Rahmen der einzelnen Schadensmöglichkeiten besonders behandelt.[373]

Nunmehr bedarf es der Zuwendung zu der Vermögensgefährdung im Rahmen gegenseitiger Verträge und der eingehenden Behandlung des Eingehungsbetruges.

Der Schaden soll nach Rechtsprechung und h.M. in dem Umstand liegen, daß die Geldforderung im Vergleich zu der von dem Getäuschten eingegangenen Verpflichtung minderwertig erscheint, weil in ihrer Durchsetzbarkeit gefährdet.

Es ist doch fraglich, ob schon im Zeitpunkt des Vertragsabschlusses das Vermögen des getäuschten so konkret gefährdet und damit dem Schaden gleichgesetzt werden kann. Denn die Verpflichtungsgeschäft leitet nur die Vermögenstransaktion nur ein. Der Verkäufer, der dem zahlungsunfähigen und -unwilligen leisten will, aber noch nicht geleistet hat, hat noch keinen Wertverlust erlitten, obwohl er ihn bei "lebensnaher Betrachtungsweise" bedroht. Das Verhalten des Getäuschten hat für den Getäuschten die bloße Gefahr, im Zukunft eine nachteilige Vermögensverfügung zu treffen, erhöht, aber nichts daran geändert, daß die Gefahr allein auf den Getäuschten basierte. Das ist nur die abstrakte Gefahr, die dem Schaden nicht gleich ist, weil es noch "vom seinem Zutun" abhängig ist, ob der Getäuschte die Leistung erbringt.

Hat die getäuschte Partei damit im Vertrauen auf die Zahlungsfähigkeit und Zahlungswilligkeit der anderen Partei vorgeleistet, so liegt ein vollendeter Betrug dann vor, wenn festgestellt werden kann, daß der Täter seine Gegenleistung nicht erbringen wird. Nur dann hat das Opfer einen bei wirtschaftlicher Betrachtung völlig wertlosen Erfüllungsanspruch.

---

[373] Lackner, LK § 263 Rn 153.

Die Entscheidung im Fall BGHSt 23, 300 ist damit unrichtig, da durch die gegenseitige Verpflichtung allein noch keine tatsächliche Wertverschiebung stattgefunden hatte. In diesem Fall hätte nur wegen versuchten Betruges bestraft werden dürfen.

Dies wird deutlich in einem "klassischen"[374] Fall der Vermögensgefährdung, dem Kreditbetrug.[375] Beim Kreditbetrug wurde die Unsicherheit der Darlehensrückzahlung bei einem zahlungsunfähigen bzw. zahlungsunwilligen Schuldner als entscheidendes Kriterium für die Annahme eines Schadens bereits mit Eintritt in die dem Fälligkeitszeitpunkt vorgelagerte Phase angesehen. Die Gefahr des endgültigen Verlustes der ausgezahlten Valuta wurde als "schadensgleich" bewertet.

Ähnlich verhielt es sich im Falle der Zechprellerei, wo der Wirt die Gefahr trug, keine Bezahlung für die hingegebenen Speisen und Getränke zu erhalten.

Gemeinsames Merkmal des Kreditbetruges und der Zechprellerei ist das Element der Vorleistung. Der Kreditgeber gewährt ein Darlehen und erlangt dafür einen in seinem rechtlichen Bestand zwar intakten, aber infolge Zahlungsunwilligkeit bzw. -unfähigkeit wirtschaftlich unsicheren Anspruch.[376] Es stehen sich nicht, wie bei einem Fall des Eingehungsbetruges, zwei auf einen Vertrag gegründete Ansprüche gegenüber, sondern die effektive Weggabe eines Vermögensgutes - die Darlehensvaluta - und ein zwar nicht rechtlich, wohl aber wirtschaftlich minderwertiger Darlehensrückzahlungsanspruch. Mithin erbringt der Getäuschte seine Vorleistung und erhält aber nur einen unsicheren "Gegenleistungsanspruch".[377] Gerade durch diese Situation wird das Stadium der Gefährdung gekennzeichnet.

---

[374] Riemann, Vermögensgefährdung, S. 87,88.

[375] Eingehend, S. 171.

[376] Riemann, Vermögensgefährdung, S. 87,88.

[377] Siehe unten S. 174.

Wird demnach beim Kreditbetrug zu Recht von einer schadensgleichenden Vermögensgefährdung gesprochen, so kann Entsprechendes nicht ohne weiteres für den Eingehungsbetrug gelten. Der Kreditbetrug soll damit nicht als Unterfall des Eingehungsbetruges betrachtet werden. Solange daher nur die Gefahr der Vorleistung besteht, also die Gefahr des Eintritts einer Gefährdungslage, kann ein Schaden in Form einer Vermögensgefährdung noch nicht angenommen werden. Dadurch, daß beim Eingehungsbetrug diese abstrakte Gefahr als Schaden anerkannt wird, erfolgt eine Vorverlagerung des Schadenseintritts.

Ein weiteres Bedenken tritt im Zusammenhang mit dem ungeschriebenen, aber von der Rechtsprechung und Literatur[378] anerkannten Merkmal der "Vermögensverfügung" hervor. Rechtsprechung und Schrifttum bestimmen den Begriff der Vermögensverfügung übereinstimmend als ein "Handeln, Dulden oder Unterlassen, das eine Vermögensminderung unmittelbar zur Folge hat.[379] Als Vermögensverfügung kommen im Betracht tatsächliche Einwirkungen auf körperliche Gegenstände (Übergabe von Sachen), Rechtshandlung (z.B. Belastung des Vermögens mit einer Verbindlichkeit), die willentliche Duldung solchen Verhaltens durch Dritte sowie die Unterlassung von Rechtshandlungen oder von Einwirkungen auf das Vermögen. Berücksichtigt man diese Grundsätze, so zeigt sich, daß das Verhalten des Getäuschten, der Vertragsabschluß, seine objektive Wirtsschaftslage nicht verschlechtert hat. Es hat zwar für ihn die Gefahr, in Zukunft eine nachteilige Vermögensverfügung zu treffen, erhöht, aber nichts daran geändert, daß diese Gefahr allein auf Irrtümern basierte. Eine solche Gefahr kann aber ihrer Qualität nach nicht als Schaden anerkannt werden.

Aufbauend auf den getroffenen Feststellungen erweist sich allein die These, die Situation des Eingehungsbetruges stelle grundsätzlich die typische Konstellation des Versuchs dar, als richtig.[380] Die Bedeutung der Versuchsstrafe liegt ja

---

[378] Vgl. Dreher/Tröndle, § 263 Rn 24; Sch/Sch/Cramer, § 263 Rn 55.

[379] Vgl. beispielsweise Dreher/Tröndle, § 263 Rn 24; Sch/Sch/Cramer, § 263 Rn 55.

[380] Die bloße Absicht der Schlechterfüllung allein begründet noch keinen Schaden, wenn die gegenseitigen Forderungen sich wertmäßig entsprechen und auch ohne besonderen Aufwand oder die Überwindung sonstiger Schwierigkeiten gerichtlich durchsetzbar sind. Erst wenn durch die Absicht der Schlechterfüllung die ordnungsgemäße Erfüllung erschwert oder

gerade darin, den Täter schon für die bloße Gefährdung eines fremden Rechtsgutes zur Verantwortung zu ziehen. Vor Erfüllung des Verpflichtungsgeschäftes besteht kein Grund dafür, den Täter wegen bereits vollendeter Tat zu bestrafen. Dem Strafbarkeitsbedürfnis wird Genüge getan, wenn der Täter nach den Versuchsvorschriften verurteilt wird. Da auch der Versuch des Betruges strafbar ist, bleibt es auch möglich, den Täter mit dem vollen Strafmaß des § 263 zu verurteilen.[381] [382]

Entscheidendes Argument für die Versuchs-These bleibt die Möglichkeit des strafbefreienden Rücktritts für den Täter gem. § 24. Es ist zu bedenken, daß als Konsequenz der hier abgelehnten Auffassung etwa der täuschende Verkäufer nach Abschluß des obligatorischen Vertrages nicht mehr von der Tat mit strafbefreiender Wirkung zurücktreten kann, obwohl der nach dem Tatplan erstrebte Erfolg, noch nicht eingetreten ist. Es ist nicht einzusehen, warum ein Täter nur deshalb und dann sollte zurücktreten können, wenn der Getäuschte mit Erfolg den nachteiligen Vertrag anfechten kann, nicht aber dann, wenn bei fehlender zivilrechtlicher oder tatsächlicher Anfechtungsmöglichkeit der Täter von sich aus beschließt, auf eine Vollendung des erschlichenen Verpflichtungsgeschäfts zu verzichten.[383] Richtiger erscheint es daher, dem Täter in dem Zeitraum zwischen Verpflichtungs- und Erfüllungsgeschäft grundsätzlich die Möglichkeit des Rücktritts einzuräumen.

Verpflichtungs- und Erfüllungsgeschäft sind damit die Stadien eines einheitlichen, wenn auch zeitlich gestreckten, Lebensverhaltes, der als solcher auch strafrechlich einheitlich zu beurteilen ist. Als effektiv schädigendes Ereignis ist die Erfüllungshandlung des Getäuschten anzusehen. Geschädigt ist dieser erst, wenn er seinerseits die eigene Leistung erbringt.[384]

---

verhindert wird.

[381] Riemann, Vermögensgefährdung, S. 63.

[382] Riemann, a.a.O.

[383] F-R. Schmidt, Vermögensschaden, S. 73.

[384] Kohlrausch/Lange, § 263 Anm. V 2a.

E. Ergebnis

An die Bejahung des Vermögensschadens durch die konkrete Vermögensgefährdung liegt kein Zweifel vor.

Die Eingehung eines Vertrages ist noch nicht die schadensgleiche Gefahr. Geschädigt ist der Getäuschte erst, wenn er seinerseits die eigene Leistung erbringt. Als effektiv schädigendes Ereignis ist damit die Erfüllungshandlung des Getäuschten anzusehen. Bis zur Erfüllung kann der Täter nur wegen des Versuchs bestraft werden.

F. Unterfälle des Eingehungsbetruges

I. Unterschriftserschleichung

Wie die sog. Unterschrifterschleichung behandelt werden soll, hat aufgrund der zunehmenden "Verwilderung" der Vertreterpraktiken[385] wichtige Bedeutung im Bereich des Betrugstatbestandes.[386] Es geht z.B. um den Fall, daß die Unterschrift unter ein Vertragsformular mit dem Hinweis erschlichen wird, es handele sich um die bloße Bestätigung eines Vertreterbesuchs oder um eine rechtlich unerhebliche Erklärung.[387] Im Unterschied zum Eingehungsbetrug fehlt in den meisten Fällen der Unterschrifterschleichung dem Getäuschten der Wille zur vertraglichen Bindung und überhaupt das Bewußtsein, durch die Un-

---

[385] Eser, GA 1962, 289.

[386] Nicht nur wegen der Häufigkeit der Unterschrifterschleichung, sondern auch wegen des Kreises der Betroffenen, die vornehmlich Angehörige von sozialschwachen Schichten der Bevölkerung sind, ist die Strafwürdigkeit der Unterschriftserschleichung auffällig. Vgl. über die Statistik der Erscheinungshäufigkeit, Bohnenberger, Vertragserschleichung, S. 10.

[387] Beispielsweise OLG Hamm, NJW 1965, 702.

terschrift eine rechtsverbindliche Erklärung abzugeben (Täuschung über die Tatsache des Vertragsabschlusses).[388]

Außer diesem typischen Fall der Unterschriftserschleichung gibt es einige Fälle, bei denen der Getäuschte eine rechtlich verbindliche Erklärung abgeben will, aber über den wahren Umfang der Verpflichtung getäuscht wird, oder die Vertreter sich Unterschriften unter Blankette geben lassen, die sie dann abredewidrig ausfüllen (Täuschung über den wesentlichen[389] Vertragsinhalt).[390] [391]

---

[388] OLG Düsseldorf, NJW 1974, 1833; BGHSt 22, 88. Ein typisches Beispiel ist der Fall des BGH (BGHSt 22, 88), worin ein Provisionsvertreter für Waschmaschinen sich von den Angesprochenen, die zuvor den Kauf ausdrücklich abgelehnt hatten, ein Formular mit dem Hinweis unterschreiben ließen, sie würden dadurch lediglich der Probevorführung einer Waschmaschine oder der Eintragung in die Kundenliste zu stimmen. Entgegen den Versicherungen unterzeichneten die Getäuschten einen Kaufvertrag (BGHSt 22, 88).
Auch eine Verlagsvertreterin erschlich durch die unwahre Angabe, sie benötige eine schriftliche Bestätigung ihres Besuches, die Unterschrift ihrer Kundin unter einem unausgefüllten Bestellschein und ergänzte diesen dann eigenmächtig um die Bestellung über ein achtzehnbändiges Nachschlagewerk (OLG Düsseldorf, NJW 1974, 1833).

[389] Hier kann nur die Täuschung über den wesentlichen Vertragsinhalt Berücksichtigung finden. Die Täuschung über lediglich unwesentliche Vertragsinhalte darf nach einheitlicher Meinung eine strafrechtliche Haftung nicht begründen. In: Bohnenberger, Vertragserschleichung, S. 4.

[390] OLG Celle NJW 1959, 399; NJW 1975, 2218. OLG Köln, NJW 1976, 1222; KG, JR 1966, 391; OLG Hamm, NJW 1969, 624.
Ein Zeitschriftenwerber versicherte, die Unterschrift verpflichte nur zur Abnahme einer einzigen Nummer der genannten Zeitschrift. Tatsächlich verpflichtete sich der Angesprochene zum zweijährigen Bezug der Zeitschrift (OLG Hamm, NJW 1969, 624).
Auch ein Vertreter für Nachschlagewerke bot einer Mutter Unterrichtsmaterial für ihre Kinder an. Statt der vorgespielten Verpflichtung zur Abnahme dieses Materiales enthielt der Vertrag die Verpflichtung zur Abnahme eines Lexikonwerkes im Gesamtwert von 580 DM (OLG Köln, NJW 1976, 1222).

[391] Im Unterschied zur Unterschrifterschleichung besteht es im Praxis die Vertragserschleichung in Form der Leistungserschleichung.
Beispielsweise täuschte ein Vertreter für Wäscheartikel an der Haustür vor, ein verreistes Familienmitglied hätte ein Wäschepaket bestellt und erreichte so Abnahme und Bezahlung desselben (OLG Hamm, JMBlNW 1970, 71). Hier täuscht der Täter über die rechtliche Verpflichtung zur Leistung und erlangt so die reale Geldhingabe. Da der Täter nicht eine Vertragsurkunde, sondern lediglich die reale Geldhingabe erschleicht, ist es bedenklich, dieses Problem im Eingehungsbetrug zu erörtern, so daß es hier außer Betrachtung bleibt.

Die Strafbarkeit der Unterschrifterschleichung wegen Betruges nach § 263 wird danach entschieden, ob dem Getäuschten aufgrund der Vermögensverfügung ein Vermögensschaden entstanden ist.

1. Rechtsprechung und Schrifttum

a) Täuschung über die Tatsache des Vertragsabschlusses.

Im Falle einer Unterschriftenerschleichung ist regelmäßig das objektive Tatbestandsmerkmal der "Irrtumserregung durch Täuschung" erfüllt.

Fraglich ist nur, ob der erschlichenen Vertragsunterschrift vermögensverfügende Wirkung zukommt, und zwar dann, wenn das Opfer über die Tatsache des Vertragsabschlussses getäuscht wurde und ihm der vermögensbezogene Charakter seines Verhalten verborgen blieb.

Die Rechtsprechung hat jedoch in diesen Fällen die Vermögensverfügung nicht in Frage gestellt, sondern nur den Schaden problematisiert.[392]

Das OLG Hamm hat in einem Fall[393] den Vermögensschaden aus folgenden Gründen angenommen: "Erschleicht ein Vertreter die Unterschrift seines Opfers unter einen Bestellschein durch die Vorspiegelung, es handele sich dabei lediglich um die Bestätigung eines anderen Sachverhalts oder sonst eine unverbindliche Formalität, so ist das Vermögen des Getäuschten auch bei Gleichwertigkeit von Leistung und Gegenleistung im Regelfall allein dadurch in einer der Vermögensschädigung gleichzuachtenden Weise gefährdet, daß dieser der Gefahr ausgesetzt ist, von dem Auftragsnehmer aufgrund der Unterschrift auf Erfüllung oder Schadensersatz in Anspruch genommen zu werden."

---

[392] OLG Hamm, NJW 1965, 702f; OLG Saarbrücken, NJW 1968, 262; BGHSt 22, 88; OLG Hamm NJW 1969, 1778; KG, JR 1972, 28ff; OLG Köln, MDR 1974, 157f und GA 1977, 188ff; OLG Hamm, wistra 1982, 152f.

[393] OLG Hamm, NJW 1965, 702.

Dieser Auffassung widersprach der BGH jedoch in einer späteren Entscheidung.[394] Da in allgemeinen Fällen der Unterschrifterschleichung sich Leistung und Gegenleistung objektiv-wirtschaftlich entsprechen, wird der Schaden nach dem "individuellen Schadenseinschlag" entschieden. Der individuelle Schaden könne vorliegen, wenn der Getäuschte entweder die Leistung nicht in zumutbarer Weise verwenden kann oder durch die eingegangene Verpflichtung zu vermögensschädigenden Maßnahmen genötigt wird oder infolge der Verpflichtung nicht mehr über die Mittel verfügt, die zur ordnungsgemäßen Erfüllung seiner Verbindlichkeiten oder für eine seinen persönlichen Verhältnissen angemessene Lebensführung unerläßlich sind.[395] Da der Getäuschte einer Unterschrifterschleichung den Gegenstand regelmäßig nicht gebrauchen will, ist der Schaden danach zu entscheiden, ob die Verwendung des Gegenstandes nach Auffassung eines sachlichen Beurteilers allgemein unzumutbar ist.[396] Die Tatsache allein, daß schon die Unterschrift erschlichen worden ist und der Getäuschte in Wahrheit nichts bestellen wollte, reicht nicht aus, um einen Schaden zu bejahen.[397] Spätere Entscheidungen gehen von dieser Entscheidung aus.[398]

Auch nach überwiegender Auffassung in der Literatur hat das Fehlen des Verfügungsbewußtseins in diesen Fällen keinen Einfluß auf das tatbestandliche Vorliegen einer Vermögensverfügung.[399] Sie folgt BGHSt 22, 88 und geht da-

---

[394] BGHSt 22, 88.

[395] BGHSt 16, 321.

[396] Zustimmend, Lackner, LK § 263 Rn 200.

[397] BGHSt 22, 88.

[398] OLG Hamm, wistra 1982, 152; OLG Köln, MDR 1974, 157; OLG Köln, GA 1977, 188.

[399] Vgl. Joecks, Vermögensverfügung, S. 18ff; Lackner, LK § 263 Rn 98; Miehe, Unbewußte Verfügungen, S. 95; Sch/Sch/Cramer, § 263 Rn 60; a.A. Hansen, MDR 1975, 533.

von aus, daß auch für die Fälle der Unterschriftserschleichung zur Begründung eines Vermögensschadens an BGHSt 16, 32 festzuhalten ist.[400]

In der Literatur wurde demgegenüber besonders von den personalen Vermögenslehren versucht, von der objektiv-wirtschaftlichen Vermögenstheorie abzuweichen und den Anwendungsbereich des Betruges aus dem kriminalpolitischen Motiv - d.h. die strafrechtliche Lücke zu erfüllen - auszuweiten. Die personalen Vermögenslehren stellen bei der Schadensberechnung auf die durch die Vermögensverschiebung bewirkte Beeinträchtigung der wirtschaftlichen Potenz des Vermögensträgers ab.[401] Eine Vermögensbeschädigung wird dann als gegeben angesehen, wenn der Getäuschte Geld für eine Ware aufwenden muß, die er nicht zu erwerben beabsichtigt. Diese Ansicht gelangt für die Fälle der Unterschriftserschleichung im Ergebnis zur Betrugsstrafbarkeit.[402]

Aber diese Auffassung ist der Kritik ausgesetzt, daß die Dispositionsfreiheit in den Schutzbereich des § 263 aufgenommen und ihre Verletzung pönalisiert werde.[403]

b) Täuschung über den wesentlichen Vertragsinhalt

In den Fällen, bei denen der Täter ein bereits ausgefülltes und unterschriebenes Vertragsformular nachträglich verfälscht, oder die Vertreter sich Unterschriften unter Blankette geben lassen, die sie dann abredewidrig ausfüllen, ist die Strafbarkeit wegen Betruges in bezug auf die Unmittelbarkeit zwischen Vermögensverfügung und dem Schaden umstritten. Denn nach herrschender Auffassung erfordert der Charkter des Betruges als Selbstschädigungsdelikt, daß die Vermögensverfügung den Vermögensschaden unmittelbar herbeigeführt hat und

---

[400] Lackner, LK § 263 Rn 200.

[401] Otto, Struktur, S. 34ff.

[402] Lampe, NJW 1978, 681; vgl. auch Franzheim/Krug, GA 1975, 97ff; Schlüchter, MDR 1974, 617ff.

[403] Vgl. über die Kritik gegen die personalen Vermögenslehren, S. 47.

dieser nicht erst aufgrund einer weiteren deliktischen Handlung des Täters eingetreten ist.[404]

Während das OLG Saarbrücken Betrug bejaht,[405] verneinte die herrschende Auffassung in der Rechtsprechung die Unmittelbarkeit zwischen der Vermögensverfügung und dem Schaden, da der Vermögensschaden erst durch das spätere deliktische Verhalten der "Urkundenfälschung" nach § 267 eingetreten sei.[406] Die Strafbarkeit wegen Betruges fällt nach dieser Auffassung in diesem Sachverhalt mangels der Vermögensverfügung schon aus.

Die überwiegende Auffassung in der Literatur nimmt jedoch hier Betrug mit der Begründung an, daß in der Übergabe der blankounterschriebenen Urkunden schon eine schadensgleiche Gefahr zu erblicken sei, setzt also eine Vermögensverfügung als gegeben voraus.[407] Denn es bestehe die Gefahr eines endgültigen Schadens, wenn der Täter den Mißbrauch der Ermächtigung zur Ausfüllung des Blanketts plant.[408]

Dagegen sind einige Autoren der Meinung, es fehle hier bereits an der Vermögensverfügung, weil die Blankounterschrift noch nicht die vermögensmindernde Verfügungswirkung herbeigeführt habe, sondern sie erst aufgrund einer weiteren deliktischen Handlung des Täters eingetreten sei.[409]

---

[404] Vgl. Joecks, Vermögensverfügung, S. 9; Sch/Sch/Cramer, § 263 Rn 61.

[405] NJW 1968, 262f.

[406] OLG Düsseldorf, NJW 1974, 1834; OLG Celle, NJW 1975, 2219; OLG Hamm, wistra 1982, 153.

[407] Arzt, LH 3, S. 183; Lackner, LK § 263 Rn 107; Samson, SK § 263 Rn 82; Sch/Sch/-Cramer, § 263 Rn 61.

[408] Lackner, a.a.O.

[409] Bonenberger, Vertragserschleichung, S. 37; Dreher/Tröndle, § 263 Rn 24; Lampe, NJW 1978, 680; Miehe, Unbewußte Verfügung, S. 91, 92; Riemann, Vermögensgefährdung, S. 127.

2. Stellungnahme

Nach herrschender Auffassung erfordert der Charakter des Betruges als Selbstschädigungsdelikt, daß die Vermögensverfügung den Vermögensschaden unmittelbar herbeiführt und dieser nicht erst aufgrund einer weiteren deliktischen Handlung des Täters eingetreten ist.[410] Das bedeutet, daß eine Gefährdung durch die Verfälschung einer Erklärung, bzw. dem abredewidrigen Ausfüllen eines Blanketts nicht mehr die unmittelbare Folge der Verfügung des Opfers ist. Eine schadensgleiche Vermögensgefährdung ist in der Blankounterschrift durch den Getäuschten mithin noch nicht zu sehen. Diese liegt erst vor, wenn der Täter die Gefahr "konkretisiert".

Im Hinblick auf die Unterschrift eines Vertragsformulars, die der Getäuschte nicht bewußt gegeben hat, ist es im Gegensatz zu dem abredewidrigen Ausfüllen eines Blanketts nicht umstritten, daß der Getäuschte eine vermögensmindernde Verfügung vorgenommen hat. Das Fehlen des Verfügungsbewußtseins hat in diesen Fällen keinen Einfluß auf das Vorliegen einer Vermögensverfügung.[411]

Durch die Unterzeichnung des Bestellscheins entsteht jedoch unmittelbar kein Vermögensschaden. Durch die Unterzeichnung des Bestellscheins, die der Getäuschte bei Kenntnis des wahren Sachverhalts nicht vorgenommen hätte, entsteht eine Lage, die ihn unter Umständen dazu zwingt, zu leisten, obwohl er nicht will. Es besteht also die Gefahr für den Getäuschten, später eine ungewollte, unerwünschte Disposition, die auch nachteilig sein kann, treffen zu müssen. Es ist hier fraglich, ob diese Gefahr so konkret ist, daß sie dem endgültigen Schaden gleichgesetzt werden kann.

Damit eine Vermögensgefährdung konkret ist, muß sich die unmittelbar aufgrund der Vermögensverfügung eingetretene Gefahr schließlich unmittelbar zu

---

[410] Vgl. Joecks, Vermögensverfügung, S. 9.

[411] Joecks, Vermögensverfügung, S. 18ff.

einem vollen Schaden weiter entwickeln.[412] Der bloße Vertragsabschluß durch die Unterschrift eines Bestellscheins ist noch nicht die schadensgleiche Gefahr, da die schadensgleiche Gefahr objektiv vorliegen muß. Geschädigt ist damit der Getäuschte erst, wenn er seinerseits die eigene Leistung erbringt. Dann kommt es darauf an, ob der Getäuschte nach dem objektiv-individuellen Schadensbegriff einen Schaden erlitten hat. Als effektiv schädigendes Ereignis ist die Erfüllungshandlung des Getäuschten anzusehen. Vor der Erfüllung durch den Getäuschten eingehende Handlungen können daher allenfalls wegen Versuchs bestraft werden.

Es ist damit ausgeschlossen, schon in der Unterschriftserschleichung einen vollendeten Betrug zu sehen. Wird eine Unterschrift erschlichen, scheidet eine Bestrafung wegen vollendeten Betruges daher einerseits mangels Vermögensverfügung, anderseits mangels Vermögensschadens aus. Weder ist in der Unterschriftenerschleichung eine unmittelbare Einwirkung auf das Vermögen noch eine schadensgleiche konkrete Vermögensgefährdung zu sehen. Es handelt sich dabei vielmehr um eine abstrakte Gefährdung, die einen Versuch darstellt.[413]

Die Unterschrifterschleichung stellt damit die typische Konstellation des Versuchs dar.

---

[412] Siehe dazu oben S. 96.
Riemann fordert damit die "doppelte Unmittelbarkeit", d.h. einerseits diejenige zwischen der Verfügung und dem Eintritt der Gefahr und andererseits diejenige zwischen der schadensgleichen Vermögensgefährdung und dem endgültigen Schaden. In: Riemann, Vermögensgefährdung, S. 127.

[413] Eine Pönalisierung der Unterschrifterschleichung ist jedoch erforderlich, weil die Strafwürdigkeit dieses Verhaltens durch das besondere Maß an Sozialschädlichkeit und -gefährlichkeit außer Frage steht. Es wurde damit vorgeschlagen, in enger Anlehnung an § 4 UWG einen neuen Straftatbestand zu schaffen. Siehe auch zur Strafbarkeit der Unterschrifterschleichung wegen Urkundenfälschung nach § 267 und nach § 4 UWG, Bohnenberger, Vertragserschleichung, S. 67ff; Lampe, NJW 1978, 679,681.

II. Der sog. Anstellungsbetrug

Unter einem sog. Anstellungsbetrug versteht man Fälle, in denen ein Bewerber um ein Amt oder sonstige Anstellung den Dienstherrn oder Arbeitgeber bei Abschluß des Dienstvertrages oder der Übernahme in ein Beamtenverhältnis täuscht und daraufhin angestellt wird.[414] Der Anstellungsbetrug ist also dadurch gekennzeichnet, daß der vom Dienstberechtigten übernommenen Entgeltzahlung kein wertmäßiges Äquivalent in den von dem Verpflichteten zugesagten Diensten gegenübersteht.[415]

Unstreitig ist dem Dienstherrn dann ein Vermögensschaden erwachsen, wenn der Dienstverpflichtete seine Anstellung durch falsche Angaben über seine fachlichen Kenntnisse und Fähigkeiten erschlichen hat, während er dann nicht in der Lage ist, die Arbeit auszuführen, zu deren Verrichtung er sich verpflichtet. Dann erbringt der Dienstverpflichtete dem Dienstberechtigten nämlich keinen entsprechenden Gegenwert für seinen Lohnanspruch.[416]

Die Frage des Vermögensschadens in diesen Fällen rief jedoch große Schwierigkeiten hervor, wenn der täuschende Bewerber schließlich zu leisten vermochte, was von ihm verlangt wurde, er also seinen ihm gestellten Aufgaben durchaus gerecht werden konnte.[417]

---

[414] BGHSt 17, 254; NJW 1961, 2027.

[415] Lackner, LK § 263 Rn 235.

[416] Dreher/Tröndle, § 263 Rn 34; Lackner, LK § 263 Rn 236; Samson, SK § 263 Rn 178; Sch/Sch/Cramer, § 263 Rn 154.

[417] Vgl. RGSt 75, 8; BGHSt 5, 361; 17, 254; BGH NJW 1978, 2042.

1. Rechtsprechung und Schrifttum

Die Rechtsprechung und h.M. in der Literatur betrachten die Erschleichung einer Anstellung als einen Unterfall des Eingehungsbetruges.[418] Sie prüfen demgemäß nach den Grundsätzen der herrschenden objektiv-wirtschaftlichen Vermögenstheorie, ob die vom Arbeitgeber zugesagte Vergütung den Geldwert der vom Arbeitnehmer übernommenen Arbeitsleistung übersteigt.[419]
Beim Anstellungsbetrug soll aber unterschieden werden zwischen Täuschungen zur Erlangung eines privaten Arbeitsvertrages und der Erschleichung von Beamtenstellungen.[420]

Im Rahmen privater Arbeitsverhältnisse sei die Frage, ob ein Schaden entstehe, grundsätzlich davon abhängig, ob der Arbeitnehmer die geschuldete Leistung erbringen kann.[421] Der BGH lehnt z.B. einen Schaden ab, wenn der Dienstverpflichtete in der Lage ist, die Dienste zu erbringen, die in der konkreten Stellung, der jeweiligen Vergütungs- oder Tarifgruppe von ihm erwartet werden.[422] Bei einer Vertrauensstellung, insbesondere dann, wenn der Täter in die Lage versetzt wird, selbständige Vermögensdispositionen zu treffen, soll hingegen bereits mit der Anstellung ein Schaden begründet sein, wenn der Täter wegen verschiedener Vermögensdelikte vorbestraft ist, weil in der Einräumung der Vermögensdispositionsmöglichkeit bereits eine Gefährdung des betroffenen Vermögens liege.[423]

---

[418] BGHSt 22, 88; Krey, BT 2, Rn 480; Lackner, LK § 263 Rn 235; Miehe, JuS 1980, 261.

[419] BGHSt 17, 254; BGH NJW 1961, 2027.

[420] Dreher/Tröndle, § 263 Rn 34; Lackner, LK § 263 Rn 235ff; Samson, SK § 263 Rn 178; Sch/Sch/Cramer, § 263 Rn 153.

[421] Dreher/Tröndle, a.a.O.; Lackner a.a.O.; Samson, a.a.O.; Sch/Sch/Cramer, a.a.O.

[422] BGHSt 17, 254; vgl. st. Rechtsprechung, Lackner, LK § 263 Rn 236, Anm. 369; auch Otto, Struktur, S. 285ff; Arzt, BT LH 3, S. 165; Krey, BT II, S. 160; Sch/Sch/Cramer, § 263 Rn 154.

[423] BGHSt 17, 253; BGH NJW 1978, 2043; Lackner, LK § 263 Rn 238.
Im Fall BGH NJW 1978, 2043 hat der BGH einen Vermögensschaden mit der folgenden Begründung bejaht: Der Arbeitsgeber sei schon mit der Anstellung eines für Vermögens-

In der Literatur wird in diesem Fall aber überwiegend die Ansicht vertreten, daß die Gefahr weiterer, das Vermögen des Arbeitgebers schädigender Handlungen des Täters noch grundsätzlich keinen Vermögensschaden darstelle.[424] Ein Vermögensschaden entstehe erst im Zeitpunkt der strafbaren Handlungen durch den Täuschenden.[425] Während es bei der Schadensfeststellung im Stadium des Eingehungsbetruges - nach herrschender Ansicht - auf eine Bewertung der gegenseitigen Pflichten und Rechte der Vertragspartner ankommt, ging es in den vom BGH zu entscheidenden Fällen bei der Vermögensgefährdung um die nachteiligen Auswirkungen eines rein tatsächlichen Vorgangs, der sich auch ohne Vertragsbeziehungen hätte abspielen können.[426] Insoweit fehle es am Unmittelbarkeitserfordernis, da dem Täter lediglich erst die Möglichkeit eröffnet wird, durch eigenes deliktisches Handeln den Dienstherrn zu schädigen.[427] Es wurde damit kritisiert, daß der BGH den Vollendungszeitpunkt des Betruges vorverlagert hat.[428]

In Fällen der Erschleichung von Beamtenstellungen wird ein Vermögensschaden aus verschiedenen Gründen[429] von der Rechtsprechung und der Literatur schon angenommen, wenn die laufbahnmäßigen Voraussetzungen der Einstellung vorgespiegelt werden.[430]

---

straftaten anfälligen Angestellten der konkreten und ständigen Gefahr ausgesetzt gewesen, daß der Angestellte bei günstiger Gelegenheit zum Nachteil seines Dienstherrn über dessen Vermögensgüter verfügen werde.

[424] Vgl. Fn. 422.

[425] Otto, Struktur, S. 280.

[426] Miehe, JuS 1980, 264.

[427] Dreher/Tröndle, § 263 Rn 178; Krey, BT 2; Rn 488; Lackner, LK § 263 Rn 237; Miehe, JuS 1980, 261; Otto, Struktur, S. 285; ders., JZ 1985, 72; Samson, SK § 263 Rn 178; Sch/Sch/Cramer, § 263 Rn 154; Sonnen, JA 1979, 166.

[428] Sonnen, JA 1979, 166.

[429] Vgl. Lackner, LK § 263 Rn 239.

[430] Vgl. über st. Rechtsprechung, Lackner, LK § 263 Rn 239; Samson, SK § 263 Rn 178; Sch/Sch/Cramer, § 263 Rn 156.

Die Rechtsprechung nimmt nämlich unterschiedlos den Schaden an, wenn der Bewerber über die fachliche Eignung, die Vorbildung oder die persönliche Würdigkeit falsche Angaben macht, weil es hier nicht so sehr auf den Wert der übernommenen Dienste, als auf die Erfüllung der sachlichen Voraussetzungen der Amtsstellung ankomme.[431] Hier ist die Rechtsprechung[432] von der objektiv- wirtschaftlichen Saldierung mit der Begründung abgerückt, daß sich das Beamtenverhältnis nicht in einem Austausch gegen Entgelt erschöpfe. Seinen Schwerpunkt bilde vielmehr ein gegenseitiges Treueverhältnis, das den Beamten zum Dienst mit seiner ganzen Person verpflichte, nicht nur gegen Gehaltszahlungen. Die Höhe dieser Leistungen bestimme sich nicht nach dem Wert der Arbeit, sondern nach den durch Gesetz oder Verwaltungsvorschriften bestimmten Anstellungs- und Beförderungsbedingungen.[433] Täusche der Bewerber das Vorliegen dieser Voraussetzungen in seiner Person vor, komme es stets zu einem Schaden, unabhängig davon, ob der Bewerber tatsächlich in der Lage sei, die ihm übertragenen Aufgaben wahrzunehmen.

2. Stellungnahme

Beim Anstellungsbetrug ist es besonders fraglich, ob die erforderliche Unmittelbarkeit zwischen der Verfügung und dem Schaden gegeben ist.[434]

Die geforderte Unmittelbarkeit ist hier aber nicht bereits mit dem Abschluß des Arbeitsvertrages gegeben. Da der Anstellungsbetrug in der Regel einen Unterfall des Eingehungsbetruges darstellt, geht es um einen Vergleich der im Dienstvertrag übernommenen gegenseitigen Verpflichtungen.

---

[431] BGHSt 5, 358; GA 1956, 121; OLG Celle MDR 1973, 242; vgl. Lackner, LK § 263 Rn 239.

[432] Vgl. Dreher/Tröndle, § 263 Rn 34.

[433] Dreher/Tröndle, a.a.O.

[434] Sonnen, JA 1979, 167.

Es ist sehr zweifelhaft, ob das Vermögen des Arbeitsgebers durch die Einstellung eines einschlägig Vorbestraften tatsächlich bereits in schadensgleichender Weise gefährdet ist. Leistet der Täter die erforderlichen Dienste und verfügt über die notwendigen Fähigkeiten, die in der betreffenden Stellung von ihm erwartet werden, so fehlt es an einem Schaden. Es ist offensichtlich, daß es sich bei dieser angeblich schadensgleichenden Vermögensgefährdung um eine typische Scheinkonstruktion handelt.

Wenn eine schadensgleiche Gefährdung in der drohenden Beeinträchtigung staatlicher Geheimhaltung oder des staatlichen Ansehens gesehen wird, überschreitet es eindeutig die Grenzen eines faktisch wirtschaftlichen, am Geldwert orientierten Vermögensbegriffes.

3. Abschnitt
Die Schadensberechnung beim Erfüllungsbetrug

A. Problemdarstellung

Im Unterschied zu dem Eingehungsbetrug wird beim Erfüllungsbetrug nicht der Wert der sich gegenüberstehenden Verpflichtungen oder Leistungen verglichen, sondern der Wert des vom Betroffenen erworbenen vertraglichen Anspruchs mit der vom Täter erbrachten Leistung. Maßgeblicher Zeitpunkt für die Schadensberechnung beim Erfüllungsbetrug ist damit die Vertragserfüllung durch den Täter.[435] Es ist damit für die Schadensermittlung bei der Erfüllung festzustellen, ob die vom Täter tatsächlich erbrachte Leistung im Vergleich zu der von ihm geschuldeten Leistung minderwertig ist. Das ist der Fall, wenn der Wert der Leistung des Täters nach wirtschatlichen Betrachtungsweise hinter dem Wert der vertraglichen Anspruchs zurückbleibt oder der Getäuschte mehr leistet, als er nach Vertrag zu leisten hätte.[436]

Trotz dieser übereinstimmendengsgrundlagen[437] treten hier einige, z.T. sehr umstrittenen Fragen auf.

Nach der herrschenden Meinung im Schrifttum und der Rechtsprechung - sie werden später eingehend dargestellt - soll ein Erfüllungsbetrug nur dann vorliegen, wenn sich der Täter erst nach dem Vertragsabschluß zur Täuschung darüber entschließt, nicht ordnungsgemäß zu erfüllen. Umstritten ist der Fall, indem sich der Täter schon im Rahmen des Verpflichtungsgeschäfts zur Täuschung entschließt. Denn nach der h.M.[438] werden Verpflichtungs- und Erfüllungsgeschäft als Einheit angesehen und der Schaden abgelehnt, wenn die unter Täuschung erbrachte Leistung dem Preis wert ist. Die Frage, ob ein Erfül-

---

[435] Lackner, LK § 263 Rn 227; Lenckner, MDR 1961, 652; Samson, SK § 263 Rn 169; Tenckhoff, Lackner-FS, S. 684.

[436] Tenckhoff, a.a.O.; Cramer, § 263 Rn 135, 136.

[437] Vgl. Lackner, LK § 263 Rn 227, Anm. 362.

[438] Siehe unten S. 123.

lungsbetrug vorliegt, soll danach entschieden werden, wann die Täuschungshandlung erfolgt.

Von besonderem praktischen Interesse sind jene Fälle, in denen im Rahmen gegenseitiger Verträge über eine mehr oder weniger sichere Aussicht auf Gewinnerzielung "betrogen" wird. Zu Grunde liegen regelmäßig Sachverhalte, in denen ein Verkäufer bei Abschluß des Verpflichtungsgeschäftes fälschlich bestimmte werterhöhende Eigenschaften (rechtverbindlich oder unverbindlich) zusichert, welche die später gelieferte Sache dann nicht besitzt.

Ist die Ware aus diesem Grunde weniger wert als der gezahlte Preis oder individuell unbrauchbar, so trifft die Begründung eines Vermögensschadens auf keine Schwierigkeiten.

Anders ist es, wenn die gelieferte Ware gleichwohl geldwert und brauchbar ist. Ein Käufer macht z.B. ein für ihn vorteilhaftes Geschäft mit einem Verkäufer, der schon beim Vertragabschluß die Absicht hat, die vom Käufer erwartete Mehrleistung nicht zu erfüllen. Unter der Fortwirkung der Täuschung erbringt der Verkäufer seine Leistung, die zwar dem vom Käufer gezahlten Preis wert ist, mithin der Gegenleistung des Getäuschten wertmäßig entspricht, jedoch hinter dem Wert seiner vertraglichen Verpflichtung bzw. der Forderung des Getäuschten zurückbleibt.[439] Das Opfer erhält zwar einen ausreichenden Gegenwert für sein Geld, nicht aber für seinen Anspruch (der wirtschaftliche ausgewogene Vertrag). Sein Gesamtvermögenswert ist durch die Geschäftsabwicklung unverändert geblieben, nur der erhoffte Wertzuwachs ist ausgeblieben. Das Problem ist dabei, inwieweit der "entgegangene Gewinn", sofern auf ihn ein Anspruch besteht, dem Schutz des § 263 unterfällt und - falls dies zu bejahen ist - worin bei der Vereitelung einer Gewinnchance die für den Betrug charakteristische Vermögensverschiebung zu sehen ist. Obwohl der Täter in diesem Fall für sein unlauteres Verhalten strafwürdig erscheint, erfüllt weder die auf die Täuschung beruhende Vermögensverfügung allein die Vermögensverschiebung, noch ist die Feststellung möglich, daß durch die Vermögenstransaktion insgesamt der Getäuschte einen Vermögensschaden erlitten hat.

---

[439] BGHSt 16, 220: Zellwollhose-Fall.

Aus dieser Sachlage resultiert die entscheidende Frage, ob bei der Berechnung des Schadens der wirtschaftliche Wert der gegenseitigen Leistungen zu vergleichen ist oder bei der Schadensfeststellung von einer differenzierenden Betrachtung auszugehen ist, je nachdem, in welchem Zeitpunkt die Täuschungshandlung in die Abwicklung des Vertrages eingreift.

Zur Beantwortung dieser Fragen soll zunächst die Schadensberechnung des Erfüllungbetruges - entsprechend der h.M. und Rechtsprechnung - nach dem Zeitpunkt der Täuschungshandlung dargestellt und kritisiert werden.

B. Schadensberechnung bei der Täuschung nach dem Vertragsabschluß

Es handelt sich hier um "typische Fälle des Erfüllungsbetruges", bei denen der Täter sich erst nach dem Abschluß des Vertrages dazu entschließt, eine wirtschaftlich nicht vollwertige Leistung zu erbringen. Dieser Falltypus ist dadurch gekennzeichnet, daß der Täter vorsätzlich wertmäßig weniger (z.B. mindere Qualität, geringeres Gewicht) liefert, als er verpflichtet ist. Das Vorliegen des Schadens wird auch dann bejaht, wenn die Leistung des Täters zwar gegenüber dem Anspruch des Vertragspartners einen Minderwert beinhaltet, dennoch aber dem wirtschaftlichen Wert der Gegenleistung entspricht (das vorteilhafte Geschäft). In beiden Fällen steht fest, daß der durch die minderwertige Erfüllung Betroffene rechtlich mehr zu beanspruchen hatte, als ihm tatsächlich geliefert wurde.[440]

Einigkeit besteht darüber, daß der Betroffene auch im Falle des vorteilhaften Geschäfts geschädigt ist, weil sein Anspruch auf den Vertragsgegenstand seinem Vermögen bereits zugeflossen war. Durch die Annahme der minderwertigen Leistung als Erfüllung wird er vereitelt.[441]

---

[440] Cramer, Vermögensbegriff, S. 186; Lackner, LK § 263 Rn 228.

[441] Lackner, LK § 263 Rn 228; RGSt 16, 1, 10.

Soweit die Schlechterfüllung darin besteht, daß der Täter einen anderen als den geschuldeten Gegenstand oder eine Gattungssache liefert, der die vertraglich vereinbarten Eigenschaften fehlen, liegt kein Zweifel an einem Vermögensschaden vor, weil der Betroffene wertmäßig weniger enthält, als ihm nach dem Vertrag geschuldet wird. Dasselbe gilt aber auch, wenn der Täter eine Spezissache nicht ordnungsmäßig leistet. Zwar erhält hier der Betroffene genau das, was er nach dem Vertrag zu beanspruchen hat, weil sein Anspruch nur auf die konkrete, mangelbehaftete Sache geht; es bleibt ihm aber verborgen, daß die Sache mangelhaft ist, daß ihr vertragmäßig zugesicherte Eigenschaften fehlen oder daß er aus diesem Grunde Gewährleistunganspruche hat. Deshalb leistet er in diesen Fällen mehr, als er dem Täter schuldig ist.[442]

C. Die Schadensberechnung bei der Täuschungshandlung im Rahmen des Verpflichtungsgeschäftes

Die zweite, in ihrer Behandlung sehr umstrittene Fallgruppe ist dadurch gekennzeichnet, daß der Täter schon vor Vertragsabschluß beabsichtigt, nicht ordnungsgemäß zu erfüllen. Hier kann eine Konkurrenz zwischen Eingehungsbetrug und Erfüllungsbetrug in Betracht kommen und die Frage wird aufgeworfen, ob eine Schadensberechnung wie in den Fällen des "klassischen" Erfüllungsbetruges nach dem Vertragswert erfolgen darf. Hier besteht die besondere Schwierigkeit für die Schadensberechnung hinsichtlich des "entgegangenen Gewinns" oder der "Gewinnaussicht" des Getäuschten, wenn wegen der Gleichwertigkeit von Leistung und Gegenleistung kein Eingehungsschaden begründet ist.[443]

[442] Cramer, S. 189; Lenckner, MDR 1961, 652,654; ders., NJW 1962, 59; Sch/Sch/-Cramer, § 263 Rn 138; Samson, SK § 263 Rn 171.

[443] BGHSt 16, 220.

I. Rechtsprechung

Frühere Entscheidungen verschiedener Oberlandesgerichte haben den Erfüllungsschaden nicht vom Zeitpunkt der Täuschungshandlung abhängig gemacht, sondern davon, ob der Täter beim Abschluß des Vertrags bestimmte Eigenschaften zugesichert habe und diese Zusicherungen Vertragsbestandteil geworden seien.[444]

Im Fall OLG Köln, NJW 1959, 1980 täuschte der Angeklagte bei Vertragsabschluß über einen Teppichkauf hinsichtlich des Wollgehalts des Teppichs. Der Getäuschte zahlte unter Fortwirkung des Irrtums den Kaufpreis. Entscheidende Bedeutung maß das OLG der Tatsache zu, daß der Wollgehalt des Teppichs im Sinne einer zugesicherten Eigenschaft beim Teppichkauf zum Vertragsinhalt geworden ist. Wer infolge der Täuschung über eine zugesicherte Eigenschaft eine Ware vom geringeren wirtschaftlichen Wert erhält, sei damit betrügerisch geschädigt, wenn er den für die Ware mit der zugesicherten Eigenschaft vereinbarten Preis zahlt, mag der gelieferte Gegenstand auch den gezahlten Preis wert sein.[445]

Mit der gleichen Begründung wurde ein Erfüllungsbetrug im Fall OLG Hamm, NJW 1960, 64 verneint. Der Angeklagte hatte beim Verkauf eines Gebrauchtwagens ein bestimmtes Baujahr und einen erheblich niedrigeren Kilometerzustand zugesichert. In Wahrheit waren Alter und Kilometerzustand jedoch wesentlich höher, der Wert des Wagens damit zweifellos geringer. Aber die unrichtige Angaben des Angekl. waren in den Vertrag nicht aufgenommen worden. Die Entscheidung stellte darauf ab, daß auch bei dieser Sachlage der Kaufpreis möglicherweise noch angemessen und die objektive Brauchbarkeit des Wagens für den Zweck des Käufers nicht wesentlich beeinträchtigt gewesen sei. Aber in diesem Fall fehlte es an einem Erfüllungsbetrug, weil die Erklärung des Angeklagten über die zugesicherten Eigenschaften nur einseitig, nicht in vertragsmäßig bindender Weise abgegeben wurde.

---

[444] Beispielsweise OLG Köln, NJW 1959, 1980; OLG Hamm 1960, 64.

[445] BGH NJW 1959, 1981.

Daß der Verkäufer nur dann wegen vollendeten Betruges bestraft werden soll, wenn er seine Zusicherung zur Papier gebracht hat, er dagegen bestenfalls wegen Betrugsversuch belangt werden kann, wenn ihm schriftliche Zusicherungen erspart geblieben sind, bedeutet, daß die strafrechtliche Reaktion des Staates dem Zufall ausgesetzt ist,[446] und die Strafbarkeit abhängt von der Geschicklichkeit des Verkäufers. Es ist nicht gerechtfertigt, die raffinierten Täter deshalb strafrechtlich besser zu behandeln, weil der Getäuschte keine zivilrechtlichen Gewährleistungsansprüche geltend machen kann.[447]

Der BGH hat sich jedoch in dem von der Rechtsprechung und Lehre viel zitierten Fall BGHSt 16, 220 (Zellwollhose-Fall) auf die Prüfung eines Eingehungsbetruges beschränkt, ohne nähere Auseinandersetzung mit der Frage nach dem möglicherweise vorliegenden Erfüllungsschaden.[448]

Es ging hier um den Zeitpunkt der Täuschungshandlung, d.h. die Täuschung im Rahmen des Vertrages und demzufolge nur um die Möglichkeit der Eingehungsbetruges. Der BGH begnügt sich hier allein mit dem Vergleich der versprochenen Leistung und der Gegenleistung. Er nimmt Betrug nur dann an, wenn Leistung und Gegenleistung wirtschaftlich nicht gleichwertig sind, weil der Täter bereits beim Abschluß des Vertrages durch die falsche Behauptungen über die von ihm beabsichtigte Leistung getäuscht hat. Allerdings kommt es nach Ansicht des BGH nicht allein auf den objektiven Verkehrswert der Sache, sondern auch darauf an, welchen Wert die Sache für den Käufer unter Berücksichtigung seiner persönlicher Bedürfnisse und Verhältnisse hat.

Ein Eingehungsbetrug mußte jedoch an der Gleichwertigkeit dieser Leistung mit der verlangten Gegenleistung scheitern. Der BGH hat den Angeklagten freigesprochen, der Wollhosen zu einem besonders günstigen Preis anbot, aber dann, wie von vorherein geplant, nur Zellwollhosen lieferte. Der BGH erfaßt damit

[446] Parsch, NJW 1960, 978.

[447] OLG Hamm 1960, 62.

[448] Vgl. außerdem BGH bei Dallinger, MDR 1972, 571; BGH, GA 1978, 332,333; OLG Köln, NJW 1980, 1762 lassen die Möglichkeit des Erfüllungsbetruges ausdrücklich dahingestellt.

Verpflichtungs- und Erfüllungsgeschäft als Einheit und lehnt dann einen Schaden ab, "wenn die unter Täuschung erbrachte Leistung einen Wert hat, der dem Kaufpreis entspricht".[449]

Während dieser Entscheidung die h.M. in der Literatur zustimmte,[450] wurde von Lenckner[451] und Puppe[452] kritisiert, die Entscheidung habe nicht in Betracht gezogen, daß der Getäuschte durch den Vertragsabschluß bereits einen Vermögenszuwachs gewonnen und später durch eine Verfügung faktisch wieder verloren hätte.[453]

Im Unterschied zu BGHSt 16, 220 hat der BGH im Fassadenbauer-Fall[454] trotz Gleichwertigkeit von Leistung und Gegenleistung einen Erfüllungsbetrug bejaht. Aber dadurch hat der BGH seine Auffassung über den Erfüllungsbetrug nicht geändert,[455] sondern den Erfüllungsbetrug durch die erneute Täuschung nach dem Vertragsabschluß bejaht.[456]

Im vorliegenden Fall hatte der Angeklagte, ein Fassadenbauunternehmer, um Kunden zu gewinnen, sich vertraglich zu einer für die Kunden besonders günstigen Leistung verpflichtet. Seine Minuseinnahmen hatte er dadurch ausgeglichen, daß er nach der Durchführung seiner Arbeiten die Kunden unter der Vorspiegelung, nur vertraglich vereinbarte Leistungen erbracht zu haben, zur

---

449 BGHSt 16, 223.

450 Gutmann, MDR 1963, 91,93; Lackner, LK § 263 Rn 229ff; Samson, SK § 263 Rn 172ff; ders., Strafrecht II, S. 182ff; Schönfeld, JZ 1964, 206ff.

451 NJW 1962, 59.

452 Lenckner, JZ 1984, 531.

453 Zustimmend Otto, JK, StGB, § 263/16.

454 BGHSt 32, 211.

455 Vgl. dagegen Otto, JK, StGB, § 263/16.

456 Tenckhoff, Lackner-FS, S. 688.

Bezahlung auch außervertraglich erbrachter, überflüssiger Mehrleistung veranlaßte.

Der BGH hat hier einen Eingehungsbetrug verneint. Denn der Getäuschte erlangte durch den Vertragsabschluß eine günstige Rechtsposition und sein Vermögensstand wurde nicht verschlechtert. Dabei hat BGH eine Berücksichtigung der unredlichen Absichten des Angekl. bei der Bewertung des Anspruches des Getäuschten abgelehnt.

Der BGH hat jedoch einen Erfüllungsbetrug bejaht. Denn durch die Abschlußrechnung habe der Angeklagte den Kunden vorgetäuscht, die in Rechnung gestellte Menge des Materials sei zur Erreichung des vertraglich vereinbarten Erfolges erforderlich gewesen. Aufgrund dieser Täuschung habe der Kunde eine Mehrleistung erbracht, auf die der Angeklagte keinen Anspruch hatte, und dadurch einen Vermögensschaden erlitten. Im vorliegenden Fall liege ein Erfüllungsbetrug deswegen vor, weil die Täuschung erst im Moment der Erfüllung erfolgte. Dabei ändere nichts, daß der Angeklagte seine spätere Vorgehen bereits vor Abschluß der Verträge geplant hatte.[457]

Dieser Fall zeigt deutlich, daß es von der zeitlichen Position der Täuschung innerhalb der Geschäftsabwicklung abhängen kann, ob ein Erfüllungbetrug vorliegt. Wer dem Vertragspartner beim Geschäftsabschluß einen Vermögensvorteil vorspiegelt, begeht mangels Schaden keinen Betrug, wohl aber, wer durch den Abschluß zunächst tatsächlich einen Vermögensvorteil gewährt und diesen dem Partner durch eine Täuschung später wieder entzieht.

Daß der Eintritt eines Vermögensschadens von dem Zeitpunkt der Täuschungshandlung abhängt, ist jedoch sehr bedenklich. Denn dabei ist das Ergebnis des Gesamtgeschäftes für den Partner in beiden Fällen das gleiche: Er wird durch die Erwartung, einen Gewinn zu machen, zum Abschluß eines Geschäftes veranlaßt, und diese Erwartung realisiert sich im Ergebnis nicht, er steht aber auch vermögensmäßig nicht schlechter als vor dem Geschäftsabschluß.

---

[457] BGHSt 32, 211 = BGHSt, JR 1984, 530.

In der Literatur ist es damit umstritten, ob der Erfüllungsbetrug vom Zeitpunkt der Täuschungshandlung abhängen darf.

II. Meinungsstand

1. Die Verneinung des Schadens

Die überwiegende Meinung im Schrifttum folgt der Rechtsprechung und lehnt einen Erfüllungsbetrug bei der Täuschung im Rahmen des Verpflichtungsgeschäfts generell ab.[458]

Wird nämlich die Täuschung bereits im Rahmen des Verpflichtungsgeschäfts begangen, so sollen nach h.M. Verpflichtungs- und Erfüllungsgeschäft als Einheit angesehen werden mit der Konsequenz, daß ein Schaden abzulehnen sei, wenn die unter Täuschung erbrachte Leistung einen Wert hat, der dem Kaufpreis entpricht. Diese Meinung beruft sich darauf, es sei nicht Sache des Betrugstatbestandes, das vom Zivilrecht respektierte Erwerbsinteresse des Käufers zu schützen. Der Betrugstatbestand als Vermögensverschiebungsdelikt wolle nur ein Ärmerwerden verhindern, nicht aber ein Nichtreicherwerden.[459] Im übrigen sei der Getäuschte materiell nicht geschädigt, sondern lediglich zum Abschluß eines ausgewogenen, aber vielleicht nicht recht willkommenen Geschäfts bewogen worden.[460] Es sei zudem gekünstelt, den Gesamtvorgang in eine Phase des Reicherwerdens durch den vorteilhaften Vertragsschluß und eine Phase des Ärmerwerdens durch die Erfüllung zu zerlegen.[461]

---

[458] Dreher/Tröndle, § 263 Rn 33; Gutmann, MDR 1963, 91, 93; Samson, Strafrecht II, S. 183; Schönfeld, JZ 1964, 206f; Tenckhoff, Lackner-FS, S. 688.

[459] Schönfeld, JZ 1964, 206, 208.

[460] Schönfeld, a.a.O., S. 209.

[461] Lackner, LK § 263 Rn 232; vgl. Samson, Strafrecht II, S. 184; Tenckhoff, Lackner-FS, S. 689.

2. Die Bejahung des Schadens

Ein Teil der Literatur will die Fälle des entgegangenen Gewinns wie die Fälle des typischen Erfüllungsbetruges behandeln.[462]

Nach dieser Auffassung soll auch hier Grundlage der Berechnung bilden, was dem Getäuschten an Forderungen aus dem Vertrag zugeflossen ist. Denn beim Erfüllungsbetrug sind der Wert des Erfüllungsanspruchs und der Wert der tatsächlichen Erfüllung zu vergleichen, so daß bei einer Differenz der Käufer auch dann geschädigt ist, wenn die gelieferte Ware dem Preis immer noch wert ist. Der Getäuschte ist daher auch davor geschützt, daß ihm die Vorteile, die er durch einen günstigen Vertrag erlangt hat, durch eine mangelhafte Erfüllungshandlung wieder entzogen werden. Trotz der Gleichwertigkeit von Leistung und Gegenleistung kann ein Schaden darin liegen, daß der Getäuschte seinerseits mehr leistet, als er zu leisten verpflichtet wäre.

Dies gilt sowohl bei Gattungskäufen als auch bei Spezieskäufen, wenn der Käufer beim Kauf einer individuell bestimmten Sache einen Erfüllungsanspruch nur auf die Sache hat, wie sie tatsächlich ist, und wenn er sie als Erfüllung erhält. Geschädigt ist er in diesem Fall bei Bezahlung des vollen Kaufpreises jedoch um den Betrag, um den sich der Preis bei Ausübung des Minderungsrechts entsprechend dem Verhältnis von Ist- und Sollwert der Sache verringern würde.[463]

Es ist hier gleichgültig, ob die Täuschung schon bei Vertragsabschluß vorliegt.[464] Dem Getäuschten sei nämlich durch den Vertragsschluß eine rechtlich gesicherte Gewinnaussicht zugeflossen, um die er durch die unredliche Abwicklung gebracht werde.[465]

---

[462] Cramer, Vermögensbegriff, S. 190ff; Sch/Sch/Cramer, § 263 Rn 137; Lenckner, MDR 1961, 652ff; ders., NJW 1962, 59; Puppe, JZ 1984, 531ff; Otto, JK, StGB § 263/16.

[463] Sch/Sch/Cramer, § 263 Rn 137, 138.

[464] Puppe, JZ 1984, 531.

[465] Cramer, Vermögensbegriff, S. 186.

Für Cramer folgt das Vorliegen eines Erfüllungsbetruges in Fällen der Gewinnvereitelung besonders daraus, daß das Strafrecht auch dem Schutz der Privatautonomie diene, die im Schuldrecht die Befugnis zur eigenverantwortlichen Rechtschöpfung und -setzung verleihe. Wo Gewinne mit unlauteren Mitteln angestrebt würden, müsse das Strafrecht schützend eingreifen und der Betrugstatbestand die Erfüllung gültiger Verbindlichkeiten sichern.[466] Daß die Täuschungshandlung hier vor dem Vertragsabschluß liege, könne zivilrechtlich wie strafrechtlich keinen Unterschied machen. Denn wenn es richtig sei, einen typischen Erfüllungsschaden durch die Täuschung nach dem Vertragsschluß anzunehmen, dann gehe es nicht an, bei einer völlig gleichgelagerten Anspruchslage einen Schaden abzulehnen mit der Begründung, der Verkäufer habe von vornherein nicht mehr leisten wollen, als er später tatsächlich erbracht habe.[467] Schließlich mache es auch keinen Unterschied, ob die Zusicherung Vertragsbestandteil geworden oder nur einseitig gegeben worden sei. Der Grund liege darin, daß die Strafbarkeit nicht von der Geschicklichkeit des Verkäufers abhängig gemacht werden dürfe.[468] In beiden Fällen liege ein Erfüllungsbetrug vor, wenn der Getäuschte seinerseits mehr leistet, als er letztlich verpflichtet wäre. So etwa, wenn er den vertraglich vereinbarten Preis bezahlt, obwohl er die Bezahlung teilweise verweigern könnte. Dies sei z.B der Fall, wenn der Käufer wegen Mängel der gekauften Sache oder wegen Fehlens einer zugesicherten, werterhöhenden Eigenschaft nach §§ 459 ff BGB hätte mindern können.[469] Hiernach liege ein Schaden vor, wenn z.B. der Käufer Waren einer minderen Güterklasse als Erfüllung erhält, obwohl ihm ein Anspruch auf Lieferung einer besseren Qualität zusteht; dies ohne Rücksicht darauf, ob der Wert des geleisteten hinter dem Wert der Gegenleistung zurückbleibt oder nicht.[470]

---

[466] Cramer, a.a.O. S. 186.

[467] Cramer, a.a.O.

[468] Cramer, a.a.O. S. 191; Lenckner, MDR 1961, 652; Parsch, NJW 1960, 977.

[469] Cramer, Vermögensbegriff, S. 188,189; Sch/Sch/Cramer, § 263 Rn 138.

[470] Sch/Sch/Cramer, § 263 Rn 126.

3. Die Vermittlungslehre von Lackner und Samson

Zwischen den beiden Grundpositionen will eine weitere, von Lackner[471] und Samson[472] vertretene und neuerdings von Tenckhoff[473] geteilte Position eine Differenzierung vornehmen. Diese Auffassung will im Gegensatz zu Schönfeld[474] nicht in allen Fällen, in denen die Täuschung schon bei Vertragsschluß erfolgt und die Leistungen gleichwertig sind, den Schaden verneinen.

Fallen Verpflichtung und Verfügung zeitlich auseinander und tritt neben die Täuschung bei Vertragsschluß eine weitere selbständige Täuschung bei Erfüllung des Vertrages, soll nach dieser vermittelnden Auffassung ein Erfüllungsbetrug nicht ausgeschlossen sein. Dabei könne es keinen Unterschied machen, ob die werterhöhenden Eigenschaften vertraglich oder nur einseitig zugesichert wurden.[475] Als Begründung wird angeführt, daß sich bei dieser Sachlage der Vertragsschluß und seine Abwicklung nicht als einheitlicher Vorgang erfassen lassen. Vielmehr stelle die erneute selbständige Täuschung bei der Erfüllung einen neuen Angriff auf eine bereits gewonnene wirtschaftliche Position dar, so daß dieser Fall gleich zu behandeln sei wie der typische Erfüllungsbetrug.[476]

Für die übrigen Fälle schließt auch diese vermittelnde Auffassung - entsprechend der h.M. - einen Erfüllungsschaden aus. Sie entspricht damit der Rechtsprechung. Das gelte sowohl für die Geschäfte des tägliche Lebens, bei denen Verpflichtung und Verfügung zeitlich zusammenfallen, als auch für diejenigen Fälle, in denen Verpflichtungs- und Verfügungsgeschäft zwar zeitlich auseinanderfallen, der Täter sich aber darauf beschränkt, die den Abschluß des Vertrages motivierende Täuschung bis zu dessen Erfüllung fortwirken zu lassen, da

---

[471] Lackner, LK § 263 Rn 232, 233.

[472] Samson, SK § 263 Rn 176; ders., Strafrecht II, S. 184.

[473] Tenckhoff, Lackner-FS, S. 689,690.

[474] Schönfeld, JZ 1964, 206ff.

[475] Vgl. Tenckhoff, Lackner-FS, S. 689.

[476] Lackner, § 263 Rn 233; Samson, SK § 263 Rn 176; Tenckhoff, Lackner-FS, S. 690.

allein die ursprüngliche Täuschung für die Vermögensverfügung des Betroffenen kausal sei. Diese Ergebnisse ergeben sich daraus, daß Verpflichtungs- und Erfüllungsgeschäft in den kritischen Fälle regelmäßig eine Einheit bilden und erst durch die juristische Konstruktion des Zivivilrechts in eine Verpflichtungs- und Erfüllungsphase zerlegt werden. Nur dadurch eröffnet sich die Möglichkeit, den Vorgang zunächst als eine Bereicherung zu verstehen und die anschließende Phase dann als Schädigung zu deuten.[477]

Dabei gehen Samson und Tenckhoff davon aus, daß die bei Vertragsschluß vorgenommene Täuschung zwei sich gegenseitig aufhebende Wirkungen habe: Sie mache zunächst den Käufer durch den Abschluß des günstigen Vertrages reicher, zum andern mache sie ihn durch die Vereitelung der Gewährleistungsrechte im selben Umfange wieder ärmer. Eine Gesamtbetrachtung ergebe damit, daß sich beide Effekte im Vermögen des Betroffenen ausgleichen, so daß dieser insgesamt nicht ärmer werde.[478] Wenn der Täter über den Wert der von ihm beabsichtigten Leistung täuscht, so hat damit er dem Vertragspartner mit dem Vertragsabschluß nur scheinbar mehr zugewandt, als seiner Gegenleistung entspricht. Der Anspruch sei unter der wirtschaftlichen Betrachtungsweise aber nicht mehr wert, weil der Täter von vornherein beabsichtigt, keinen Mehrwert zu leisten.[479]

---

[477] Lackner, § 263 Rn 232.

[478] Samson, Strafrecht II, S. 184; Tenckhoff, Lackner-FS, S. 690,692.

[479] Samson, a.a.O.; Tenckhoff, a.a.O.

III. Kritik und Stellungnahme

Nach der herrschenden Meinung in der Rechtsprechung und Literatur werden damit Verpflichtungs- und Erfüllungsgeschäft als Einheit angesehen und ein Vermögensschaden verneint, wenn sich der Täter schon im Rahmen des Verpflichtungsgeschäfts zur Täuschung entschließt und wenn trotz der Täuschung die erbrachte Leistung den gezahlten Preis wert ist.

Es wird hier nur die Möglichkeit eines Eingehungsbetruges geprüft, ohne nähere Auseinandersetzung mit der Frage nach dem möglicherweise vorliegenden Erfüllungsschaden. Ein Eingehungsbetrug muß jedoch an der Gleichwertigkeit dieser Leistung mit der verlangten Gegenleistung scheitern. In diesem Fall sei der Käufer mateteriell nicht geschädigt, da der Täter das Opfervermögen nicht vermindere, sonderen lediglich die "Gewinnabsicht" des Opfer vereitele, sein Vermögen zu mehren.[480] Damit scheidet der Betrug aus.

Besonders nach der Auffassung von Samson und Tenckhoff ist der Anspruch des Getäuschten bei wirtschaftlicher Betrachtungsweise nicht mehr wert, wenn der Täter von vornherein die Absicht hat, keinen Mehrwert zu leisten. Denn durch die gleiche Täuschung werde dem Opfer ein (scheinbarer) Vorteil zugesagt und gleichzeitig dieser wieder zurückgenommen, indem ein Irrtum über ein bestehendes Minderungsrecht erzeugt werde.

Das zeigt, daß es vom Zeitpunkt der Täuschung innerhalb der Geschäftsabwicklung abhängen soll, ob ein Erfüllungsbetrug vorliegt. Denn ein Erfüllungsbetrug liegt nach dieser Auffassung dann vor, wenn sich der Täter erst oder erneut nach dem Vertragsabschluß selbständig zur Täuschung entschließt.

Will man diese Auffassung auf ihre Stichhaltigkeit überprüfen, muß die Frage beantwortet werden, ob ein Schaden - wie in den Fällen des "klassischen" Erfüllungsbetruges - unter Zugrundelegung des Vertragswertes ermittelt werden darf.

---

[480] Schönfeld, JZ 1964, 206.

Es ist zunächst danach zu fragen, wie der wirtschaftliche Wert eines Anspruches, der dem Getäuschten aufgrund des Vertragschlusses zusteht, zu beurteilen ist.

Der Umstand, daß der Verkäufer von vorherein nicht vertragsgemäß leisten will, ist zivilrechtlich unbeachtlich. Bei einer Schlechterfüllung bleibt dem Käufer das Minderungsrecht. Es ist hier zuerst festzuhalten, daß für die in Frage stehende Konstellation nicht auf den als überholt betrachteten juristischen Vermögensbegriff zurückgegriffen wird. Das Vorliegen eines vertraglichen Anspruches als solcher, hier das Minderungsrecht, ist damit bei der Schadensberechnung nicht maßgeblich, sondern allein sein wirtschaftlicher Wert. Geht man von dem Grundsatz aus, daß der wirtschaftliche Wert einer Forderung nicht immer ihrem Nennwert entspricht, und berücksichtigt man, daß die Leistungsunfähigkeit oder mangelnde Erfüllungsbereitschaft als wertmindernde Faktoren in Rechnung zu stellen sind, könnte man zu der Auffassung kommen, daß auch das Minderungsrecht keinen oder nur einen geringen Wert hat - je nachdem, wie leicht es sich durchsetzen läßt.

Hingegen ist jedoch zu sagen, daß auch bei wirtschaftlicher Betrachtung der Wert eines Forderung so nicht ermittelt werden kann. Auch wenn man eine Forderung nicht "normativ" betrachtet, ihren Wert also nicht nach ihren Nennwert bestimmt, kann man allein die subjektive Absicht des Schuldners nicht zum Maßstab des Wertes der Forderung machen. Vielmehr müssen objektive, d.h. außerhalb der Vorstellung des Schuldners liegende Gründe vorhanden sein, damit man sagen kann, eine Forderung sei wirtschaftlich gesehen weniger wert als ihr Nennwert. So kann z.B. bei einem Darlehensvertrag der Rückzahlungsanspruch wegen der Zahlungsunwilligkeit des Schuldners unsicher sein. Damit aber der Rückzahlungsanspruch als wirtschaftlich minderwertig angesehen werden kann,[481] muß sich die Gefahr der Nichtrückzahlung aufgrund objektiver Umstände als konkrete Gefahr aufdrängen.[482] Nur dann kann auch ein Betrug in Betracht kommen.

---

[481] Darüber siehe S. 181.

[482] Siehe unten S. 176.

Umgekehrt führt die Täuschung über ein Gewährleistungsrecht wie die Minderung immer dann zu einer Vermögensschädigung, wenn der Getäuschte sein Recht irrtumsbedingt nicht geltend macht - es sei denn, es ist objektiv erkennbar, daß das Gewährleistungsrecht nicht durchsetzbar sein wird und der Anspruch deshalb wirtschaftlich wertlos ist.

Zu Recht kritisiert Puppe[483] die Einbeziehung der unredlichen Absicht des Schuldners in die wirtschaftliche Bewertung des Anspruchs auch unter einem kriminalpolitischen Gesichtspunkt: Jede wirtschaftliche Betrachtungsweise im Recht müsse ihre Grenze finden, wo sie dazu führt, daß jemand aus seinen eigenen rechtswidrigen Absichten von Rechts wegen einen Vorteil zieht. Deshalb sei für die Bewertung eines Anspruchs im Verhältnis zwischen Schuldner und Gläubiger nicht maßgeblich, was der Schuldner zu leisten willens, sondern nur, was er zu leisten verpflichtet ist.[484] Würde das Strafrecht einer solchen Forderung mit der Begründung den Schutz entziehen, daß sie durch die Leistungsverweigerung des Schuldners ihren Wert verloren habe, würde es sich unmittelbar mit dem Schuldrecht in Widerspruch setzen.

Wenn der Getäuschte durch den Vertragsabschluß einen Anspruch auf eine Leistung von einem bestimmten Wert erhalten hat, so ist er geschädigt, wenn er im Rahmen der Vertragsabwicklung um diesen Anspruch gebracht wird bzw. eine Leistung von geringerem Wert erhält. Weil der Vertragspartner durch den Vertrag aber einen Anspruch auf eine ganz konkrete wertmäßig bestimmte Leistung erlangt hat, eröffnet sich die Möglichkeit eines Erfüllungsbetruges, wenn der täuschende Vertragspartner weniger leistet als es seiner Verpflichtung entspricht.

Für die Feststellung des Schadens bei der Erfüllung, d.h. ob die vom Täter tatsächlich erbrachte Leistung minderwertig ist, ist es damit gleichgültig, in welchem Zeitpunkt die Täuschungshandlung des Täters in die Abwicklung des Vertrages eingreift. Ebenfalls ist es gleichgültig, ob Verpflichtungs- und Erfül-

---

[483] JZ 1984, 532.

[484] Puppe, JZ 1984, 532.

lungsgeschäft zeitlich voneinander getrennt waren oder unmittelbar aufeinander folgten.

Das zeigt beispielsweise eine Abwandlung der Zellwollhosen-Entscheidung von Arzt.[485] [486]

Der Händler H versichert dem Käufer K, er habe erstklassige Wollhosen zu einem Preis, zu dem man anderswo nur Zellwollhosen erhalte. K probiert eine Hose und kauft sie für 26 DM.

1.Alternative: Nunmehr reut den H das Geschäft. Er packt dem K eine Zellwollhose ein, die 26 DM wert ist.

2.Alternative: H, der überhaupt nur Zellwollhosen auf Lager hat, täuscht den K darüber, daß es sich bei der von ihm angebotener Hose um eine Zellwollhose handelt. Er spielt dem K vor, es sei eine Wollhose. H erwirbt die Hose, die 26 DM wert ist, im Glaube, günstig eine Wollhose gekauft zu haben.

Nach h.M. soll in der ersten Fallkonstellation unstreitig ein Erfüllungsschaden vorliegen, weil der Käufer nicht das erhalten habe, was er nach dem Kaufvertrag zu beanspruchen hätte. In der 2. Alternative soll ein Erfüllungsbetrug nicht ausreichen, da die Täuschungshandlung sich auf den Vertragsabschluß, nicht erst auf die Vertragsabwicklung bezog.

Daß die Täuschungshandlung vor dem Abschluß eines Vertrages liegt, der Täuschende also von vornherein nicht gewilligt ist, vortragsgemäß zu erfüllen, kann zivilrechtlich und strafrechtlich keinen Unterschied machen zu den Fällen, in denen eine Täuschung erst nach Vertragsschluß folgt. Wenn es richtig ist, beim typischen Erfüllungsbetrug einen Vermögensschaden anzunehmen, wenn der Käufer weniger erhält, als ihm zusteht - weil er infolge der Täuschung faktisch auf die Durchsetzung seiner Gewährleistungsrecht verzichtet -, dann

---

[485] Arzt, LH 3, S. 163.

[486] Vgl. auch Tenckhoff, Lackner-FS, S. 686,687.

geht es nicht an, bei einer völlig gleichgelagerten Anspruchslage einen Schaden abzulehnen mit der Begründung, der Verkäufer habe von vornherein nicht mehr leisten wollen, als er später tatsächlich erbracht hat.

Schließlich ändert sich auch nichts dadurch, daß neben die Täuschung im Zeitpunkt des Vertragsschlusses eine selbständige Täuschung bei der Erfüllung tritt. In der Regel setzt sich die Täuschung beim Vertragsabschluß bis zur Erfüllung fort. Dann nutzt der Täter nur seiner ursprünglichen Absicht entsprechend den bereits früher erzeugten Irrtum des Käufers aus, welcher diesen zu der den Schaden endgültig verursachenden Verfügung veranlaßte, und bewirkt durch die wiederholte Täuschung keinen weiteren Schaden.

Damit stellt sich auch das oben eingeführte weitere Argument der herrschenden Meinung, die Täuschung bei Vertragsschluß beeinträchtige überhaupt nur die Dispositionsfreiheit des Getäuschten, nicht aber sein Vermögen, als nicht haltbar heraus. Die Unkenntnis eines Gewährleistungsrechts und die daraus folgende Nichtgeltendmachung berührt vielmehr unmittelbar auch das Vermögen.

IV. Ergebnis

Wenn der Getäuschte durch den Vertragsabschluß einen Anspruch auf eine Leistung von bestimmten Wert erhält, so ist er geschädigt, wenn er im Rahmen der Vertragsabwicklung um diesen Anspruch gebracht wird oder eine Leistung von geringerem Wert erhält.

Ob die Täuschungshandlung bei der Erfüllung zugleich mit dem Vertragsabschluß erfolgt oder später vorgenommen wird, ist irrelavant. Denn der Anspruch des Getäuschten auf die Mehrleistung des Täters ist rechtlich durch das Verpflichtungsgeschäft gesichert, und wirtschaftlich wird der Wert des Anspruchs durch die Schlechterfüllungsabsicht des Täters nicht berührt. Aus diesen Gründen ist es nicht zutreffend, den Erfüllungsbetrug je nach dem Zeitpunkt der Täuschungshandlung bei der Abwicklung des Vertrages zu bejahen. Der Getäuschte ist dann geschädigt, wenn er seinen rechtlich zugesicherten Anspruch auf die Leistung des Täters durch dessen Schlechterfüllung wieder verliert.

4. Abschnitt
Bedeutung von Ausgleichsansprüchen in Rahmen der Schadensberechnung

A. Problemdarstellung

Das Vermögen des Getäuschten ist, wie bereits erwähnt, nach der wirtschaftlichen Betrachtungsweise nur dann geschädigt, wenn sein wirtschaftlicher Gesamtwert durch die Vermögensverfügung gemindert ist.[487] Es ist damit zu prüfen, ob Nachteile, die durch die Vermögensverfügung eingetreten sind, durch gleichzeitig erlangte Vorteile ausgeglichen werden (Prinzip der Kompensation). Es liegt dann kein Schaden vor, wenn die in der eigenen Leistung liegende Vermögensminderung durch den erlangten Gegenwert voll ausgeglichen wird. Dabei sind nach dem Prinzip der Gesamtsaldierung alle dem Betroffenen unmittelbar erwachsenen Vor- und Nachteile einzubeziehen.[488]

Diese erlangten Vorteile sind gelegentlich schwer zu bewerten.

Dies wird deutlich anhand von Fällen, in denen auf der einen Seite des Wertvergleichs eine durch die Tat gegen den Täter begründete Schadensersatzforderung, oder ein dem Betroffenen aus dem betrügerischen Geschäft eingeräumtes Pfandrecht oder Rücktrittsrecht steht und deren wirtschaftlicher Wert nicht in Zweifel gezogen werden kann.

Es ist fraglich, welche Bedeutung die Ausgleichsansprüche, die entweder gesetzlich, d.h. aufgrund der Täuschung von Gesetzes wegen erwachsen, oder die vertraglich eingeräumt werden, bei der Kompensation haben.

Zur Erarbeitung dieses Problems werden zunächst die Ansichten der Rechtsprechung und der Literatur dargestellt. In einem sich ausschließenden Abschnitt wird hierzu kritisch Stellung genommen.

---

[487] Lackner, LK § 263 Rn 143.

[488] Eser, StR IV Nr.13 A 18.

B. Kompensation der Vermögensminderung durch Ausgleichsansprüche

I. Kompensationsfähigkeit der vertraglich vereinbarten Ausgleichsansprüche

Fraglich ist, ob und wie vertragliche Ausgleichsansprüche bei der Schadensberechnung berücksichtigt werden.

Zu den vertraglichen Ausgleichsansprüchen, die dem Getäuschten vertraglich eingeräumt werden, sind z.B. vertragliche Rücktrittsrechte, Pfandrechte oder Sicherheiten zu zählen.

1. Vertraglich eingeräumtes Rücktrittsrecht

In Bezug auf vertragliches Rücktrittsrecht ist es fraglich, ob der Schaden durch diesen Anspruch "verhütet" oder wiedergutmacht werden kann.

a) Rechtsprechung

Nach der ständigen Rechtsprechung kann der Eintritt eines Vermögensschadens durch den Vertragsschluß (Eingehungsbetrug) abgelehnt werden, wenn zwar die Forderung des Getäuschten nicht dem Wert des gegen ihn gerichteten Anspruches entspricht, der Getäuschte aber ein Rücktrittsrecht hat.[489] Es kann damit ein "nach objektiv wirtschaftlichen Maßstäben ausreichendes Äquivalent" in Gestalt des vertraglichen Rücktrittsrechtes vorliegen.[490] Zur Begründung führt der BGH an, daß "der Getäuschte den ungünstigen Vertrag durch einfache einseitige Erklärung beseitigen kann".[491] Die Kompensation durch einen An-

---

[489] BGH bei Dallinger, MDR 1971, 546; 1973, 370; OLG Köln, MDR 1975, 244; BGH JR 1987, 427 = NJW 1987, 388.

[490] OLG Köln, MDR 1975, 244.

[491] BGH bei Dallinger MDR 1975, 546.

spruch setze jedoch immer die ungehinderte rechtliche und faktische Durchsetzbarkeit dieses Anspruches voraus. Nur wenn nach den Umständen die konkrete Möglichkeit bestehe, daß der Getäuschte diese Rechte nicht wahrnehmen wird, etwa weil er infolge von Unerfahrenheit voraussichtlich vorleisten wird, bejaht die Rechtsprechung eine schadensgleichende Gefährdung.[492]

Während die Kompensationsfähigkeit eines Rücktrittsrechtes beim Eingehungsbetrug unter den genannten Voraussetzungen anerkannt wird, wird sie nach der Erfüllung des Getäuschten in Zweifel gezogen. Streitig ist, ob das Rücktrittsrecht auch nach der Erfüllung des Getäuschten den Schaden ausschließen kann.

Das OLG Köln[493] hat grundsätzlich diese Kompensationsmöglichkeit bejaht.

In einem Erfüllungsbetrug sei auf die Vermögenslage des Getäuschten nach dem vertragsgemäßen Austausch der beiderseitigen Leistungen abzustellen. Die Prüfung sei also darauf zu richten, ob das Rücktrittsrecht unter den gegebenen Umständen nach objektiv wirtschaftlichem Maßstab ein ausreichendes Äquivalent bietet. Nach dem OLG Köln kann die Minderung eines Vermögens durch das Bestehen des vertraglichen Rücktrittsrechts wirtschaftlich ausgeglichen werden, weil dieses Recht ein Teil des Vertrages ist. Wenn das Rücktrittsrecht auch nach der Erfüllung des Getäuschten wirtschaftlich vollwertig ist, ist kein Schaden und damit kein Betrug entstanden.[494]

Der BGH hingegen hat noch nicht abschließend zu dieser Frage Stellung genommen.

Lediglich im Fall BGH JR 1987, 427 hat der BGH die wirtschaftliche Vollwertigkeit des Rücktrittsrechts nach der Erfüllung verneint.

---

[492] BGH GA 1962, 213; BGHSt 23, 300; Lenckner, JZ 1971, 320; Schröder, JR 1974, 74.

[493] OLG Köln, MDR 1975, 244.

[494] OLG Köln, MDR 1975, 344.

In diesem Fall bot der Angeklagte Wundermittel - wie "Haarverdicker", "Nichtraucherpillen" oder "Schlankheitspillen" -an. Diese wurden von den Käufern gleich bei Zugang der Ware per Nachnahmesendung bezahlt. Der Angeklagte hatte den Rücktritt vom Vertrag und die Geldrückzahlung garantiert.[495] Hier hat der BGH aus zwei Gründen die Minderwertigkeit dieses Anspruches bejaht. Einerseits fehle es dem Täter an der Rückzahlungsbereitschaft und -willigkeit. Denn er ging ersichtlich nicht davon aus, daß alle vom Vertrag zurücktreten würden und er den Kaufpreis erstatten müßte. Andererseits sei auch unsicher, ob die Getäuschten wußten, daß sie ein Rücktrittsrecht haben und wie das Rücktrittsrecht ausgeübt werden kann.[496] Wegen dieser wirtschaftlichen Minderwertigkeit sei die Vermögensminderung durch das Rücktrittsrecht nicht ausgeglichen worden. Der Schaden sei damit entstanden und die nachträgliche, teilweise erfolgte Rückzahlung des Täters sei nur die Schadenswiedergutmachung.[497]

Ob der BGH jemals bei bestehendem Rücktrittsrecht nach der Erfüllung dieses als wirtschaftlich vollwertig anerkennen wird, erscheint zweifelhaft.

b) Meinungsstand im Schrifttum

(1) Arzt

Arzt hat grundsätzliche Bedenken gegen die Kompensationsfähigkeit des vertraglich eingeräumtes Rücktrittsrechts geäußert.[498]

Er ist der Ansicht, daß durch den Vertragsschluß nicht die schadensgleiche Gefahr, sondern der Schaden entstanden ist. Da der Schaden durch den Vertragsschluß schon entstanden ist, könne dieser Anspruch nur den Schaden

---

[495] BGH JR 1987, 427.

[496] BGH JR 1987, 428.

[497] JR 1987, 428.

[498] Arzt/Weber, BT, LH 3, Rn 453.

wiedergutmachen. Damit hat er den Schadensausgleich durch das Rücktrittsrecht auch beim Eingehungsbetrug verneint.[499]

Seine Auffassung entfernt sich aber von den Grundsätzen wirtschaftlicher Betrachtungsweise. Wer eine Verpflichtung z.B. in einem Kaufvertrag übernimmt, aber sie nicht erfüllen müssen wird, ist wirtschaftlich nicht immer belastet, so daß sein Vermögen keine Einbuße erleidet.[500]

(2) Die überwiegende Auffassung

Die überwiegende Auffassung in der Literatur schließt sich der Rechtsprechung an und bejaht die Kompensationsmöglichkeit durch das vertragliche Rücktrittsrecht nur beim Vertragsschluß.[501] Solange der Getäuschte seine Leistung aus dem gegenseitigen Vertrag noch nicht erbracht habe, könne das Rücktrittsrecht einen Vermögensschaden ausschließen.[502]

Es besteht damit in der Literatur Einigkeit darüber, daß das vertragliche Rücktrittsrecht nach der Erfüllung des Getäuschten bei der Schadensberechnung nicht berücksichtigt werden darf, weil die Ausübung des Rücktrittsrechtes in diesem Fall nicht den Schadenseintritt verhindert, sondern nur eine nachträgliche Schadenswiedergutmachung bewirkt.[503] Das erst nach Erfüllung der eigenen Verpflichtung ausübbare Rücktrittsrecht bei der Schadensbeurteilung zu berücksichtigen, sei nicht vereinbar mit der unbestrittenen Auffassung, daß ein

---

499 Arzt/Weber, BT, LH 3, Rn 453.

500 Lackner, LK § 263 Rn 225.

501 Lackner, LK § 263 Rn 225; Sch/Sch/Cramer, § 263 Rn 120.

502 Lackner, LK § 263 Rn 223, 225; Sch/Sch/Cramer, § 263 Rn 131.

503 Bottke, JR 1987, 430; Müller/Christmann, JuS 1988, 114; Otto, JK 87, StGB § 263/22.

nachträglicher Ausgleich bei der Schadensberechnung außer Betracht zu bleiben habe.[504]

2. Vertraglich vereinbarte Sicherungen

Es ist nach Ansicht der Rechtsprechung und des Schrifttums[505] unumstritten, daß vertraglich eingeräumte Sicherungen bei der Saldierung berücksichtigt werden können, sofern sie dem unmittelbaren und erfolgreichen Zugriff des Gläubigers zugänglich sind. Das ist z.B. der Fall, wenn eine sichere Bürgschaft die Vermögensminderung durch die Darlehensgewährung eines Darlehensgebers ausschließt,[506] oder wenn die Auflassung oder zumindest die Eintragung im Grundbuch bei Grundstücksgeschäften von der vorherigen Zahlung des Kaufpreises abhängt.[507] Gleiches gilt auch, wenn der Getäuschte auf Vorleistung des Vertragspartners bestehen kann und sich auf diesem Wege von vornherein gegen einen Schadenseintritt abgesichert hat.[508]

Die Entscheidung BGHSt 15, 24 bestätigt diesen Grundsatz. A nahm bei der B einen Kredit auf, der durch Übereignung eines Kraftfahrzeugs gesichert wurde. A wollte den Kredit nicht zurückzahlen. Nach Fälligkeit der Rückzahlung, aber vor der Verwertung der Sicherheit, gab A seinen Wohnsitz auf, ohne sich abzumelden. Das Kraftfahrzeug nahm er mit. Bei seiner späteren Festnahme wurde das Kraftfahrzeug von B sichergestellt und verwertet. Der BGH hat in der Kreditgewährung einen Vermögensschaden der B gesehen. B sei trotz ausreichender Sicherheit geschädigt, da die Verwertung der Sicherheit von der Mitwirkung des Schuldners abhing und der Schuldner diese Mitwirkung verweiger-

---

[504] Müller/Christmann, a.a.O.

[505] RGSt 74, 129,131; BGH GA 1966,51; BGH StV 1985, 186; BGH StV 1992, 117; BayObLG JR 1973, 339; Dreher/Tröndle, § 263 Rn 31; Lackner, LK § 263 Rn 189; Samson, SK § 263 Rn 181.

[506] BayObLG GA 1961, 51; BayObLG JR 1973, 339.

[507] BGH StV 1992, 117; BGH bei Dallinger MDR 1975, 196.

[508] BGH bei Dallinger MDR 1973, 370; 1975, 196.

te. In einem solchen Fall kann der Sicherheit kein wirtschaftlichrer Wert beigemessen werden, so daß sie die Vermögensminderung nicht ausgleichen kann.

3. Zusammenfassung

Zusammenfassend kann es festgestellt werden, daß nach h.M. das vertraglich eingeräumtes Rücktrittsrecht beim Eingehungsbetrug grundsätzlich einen Schaden in Form der Vermögensgefährdung ausschließen kann, sofern es einen wirtschaftlichen Wert hat.

Beim Erfüllungsbetrug soll dagegen das vertraglich eingeräumtes Rücktrittsrecht wirtschaftlich minderwertig sein, so daß der Schaden entstanden sei. Die mögliche Realisierung des Rücktrittsrechtes sei daher die Schadenswiedergutmachung.

Sonstige Sicherungen schließen nach h.M. nicht nur beim Eingehungsbetrug, sondern auch beim Erfüllungsbetrug den Schaden aus, wenn sie ohne Schwierigkeit verwertet werden können.

II. Kompensationsfähigkeit der gesetzlichen Ausgleichsansprüche

Fraglich ist, wie gesetzliche Ausgleichsansprüche, die dem Getäuschten aufgrund der Täuschung erwachsen, bei der Kompensation zu behandeln sind.

Hierzu zählen etwa das Anfechtungsrecht wegen arglistiger Täuschung gem. § 123 BGB, Schadensersatzansprüche, Bereicherungsansprüche, Gewährleistungsansprüche oder das Unternehmerpfandrecht gem. § 647 BGB.

1. Rechtsprechung

Nach Ansicht der Rechtsprechung bleiben gesetzliche Ausgleichsansprüche grundsätzlich als Ausgleich für die Vermögensminderung außer Betracht.[509]

Beim Schadensersatzanspruch aus unerlaubten Handlung gemäß § 823 II BGB i.V.m. § 263 folge dies bereits aus der Überlegung, daß der zivilrechtliche Anspruch gerade von dem strafrechtlichen Schaden abhinge.[510]

Auch das Anfechtungsrecht müsse unberücksichtigt bleiben. Zur Begründung hat der BGH angeführt, daß der Getäuschte die Voraussetzungen für die Anfechtung beweisen muß, wenn er sich vom Vertrag lossagen will, dabei aber Gefahr laufe, das nicht zu können. Dieses Risiko liege ausschließlich bei dem Getäuschten.[511] Diese rechtlich gegebene, tatsächlich mehr oder weniger zweifelhafte Anfechtungsmöglichkeit komme bei der Schadensberechnung nicht in Frage.[512] Ansonsten könnten arglistig erschlichene Vertragsvorteile schon allein durch das gegenseitig erwachsene Anfechtungsrecht ausgeglichen werden, ein Eingehungsbetrug wäre dann kaum denkbar.[513]

Das BayObLG hat jedoch in einem Fall die Widerrufsmöglichkeit nach § 1b AbzG als einen vollwertigen Ausgleich für die übernommenen Vertragsverpflichten anerkannt, weil die durch die Widerrufsmöglichkeit gekennzeichnete Rechtslage vergleichbar mit der Rechtslage bei vertraglich zugesichertem Rücktrittsrecht sei.[514]

---

[509] BayObLG NJW 1973, 633; BGHSt 21, 384,386; 22, 88,89; 23, 302; BGH bei Dallinger MDR 1971, 546; BGH NJW 1985, 1563.

[510] RGSt 41, 27.

[511] BGHSt 22, 88,89; 23, 302,303.

[512] BGHSt 22, 89.

[513] BGH NJW 1985, 1564.

[514] BayObLG wistra 1986, 270.

Besonders im Hinblick auf das gesetzliche Werkunternehmerpfandrecht nach § 647 BGB besteht Streit, ob dieses die Vermögensminderung kompensieren kann.

Zur Sicherung seiner Forderungen aus dem Werkvertrag hat der Unternehmer ein gesetzliches Pfandrecht an den von ihm hergestellten oder ausgebesserten Sachen des Bestellers, wenn sie in seinem Besitz gelangt sind (Unternehmerpfandrecht, § 647 BGB).[515]

Das OLG Hamm hat ohne nähere Begründung aufgrund des Unternehmerpfandrechtes gem. § 647 BGB einen Vermögensschaden abgelehnt. Das Unternehmerpfandrecht sei eine "normalerweise ausreichende, einen Vermögensschaden ausschließende Sicherheit".[516]

Das BayObLG[517] hat dagegen mit einer eingehenden Begründung eine Schädigung des Werkstattinhabers bejaht. Im vorliegenden Fall ließ A seinen Kraftwagen in der Werkstatt des B instandsetzen, ohne im Besitz nennenswerter Barmittel zu sein, aber mit erheblichen Schulden behaftet. Er war nämlich schon zum Zeipunkt des Abschlusses des Werkvertrages nicht in der Lage, die Arbeiten zu bezahlen. Als B nach erfolgter Reparatur die Herausgabe des Wagens ohne Begleichung der Rechnung ablehnte, stellte A einen Scheck aus. Er erhielt seinen Wagen. Der Scheck war nicht gedeckt.

---

[515] Der Werkvertrag gem. § 631 BGB ist ein gegenseitiger Vertrag, durch den der Unternehmer zur Herstellung des versprochenen Werkes, der Besteller zur Entrichtung der vereinbarten Vergütung verpflichtet wird (§ 631 BGB).
Im Gegensatz zu anderen, im Gesetz normierten Typen gegenseitiger Verträge ist der Werkunternehmer vorleistungspflichtig (§ 641 BGB), so daß die Anspruchssicherung des § 320 BGB entfällt. Als Ausgleich dafür ist aber das gesetzliche Werkunternehmerpfandrecht des § 647 BGB vorgesehen. Dieses versetzt ihn in die Lage, das Werk nur Zug um Zug gegen die Bezahlung des Werklohns an den Besteller auszuhändigen. Zahlt dieser nicht, kann er das Werk ohne weiteres aus seinem Pfandrecht gem. § 647 BGB verwerten und den Erlös in Höhe seines Werklohnanspruches einbehalten.

[516] OLG Hamm, JMBlNRW 1969, 100,101.

[517] BayObLG, JZ 1974, 189 = JR 1974, 336.

Das BayObLG kam zu dem Ergebnis, daß A den Tatbestand des Betruges zweimal vollendet hätte, und zwar zum erstenmal schon bei dem Abschluß des Reparaturvertrages. Daß A sein Fahrzeug in die Werkstatt gab, obwohl er sein Unvermögen, die Rechnung bezahlen zu können, kannte, soll schon ein vollendeter (Eingehungs-) Betrug sein. Denn B habe aus dem Werkvertrag nur eine minderwertige Forderung erhalten, so daß er bereits bei Vertragsabschluß geschädigt worden sei.[518]

Die Tatsache, daß hier der Werkstattinhaber ein Unternehmerpfandrecht erwirbt, ändere daran nichts, denn das gesetzliche Pfandrecht sei noch nicht zum Zeitpunkt des Vertragsschlusses, sondern erst mit der Reparatur entstanden. Es mag zwar in vielen Fällen geeignet sein, den Schaden wiedergutzumachen; dessen Entstehung in Gestalt einer minderwertigen Gegenforderung zu hindern, vermag es nicht. Außerdem bewahre dieses Pfandrecht den Unternehmer nicht vor der Verpflichtung, erst einmal seine eigene Leistung zu bringen. Schließlich sei aber auch ungewiß, ob der Getäuschte das gesetzliche Sicherungsrecht überhaupt ausüben werde, denn vielleicht kenne er es gar nicht oder wolle keinen Gebrauch davon machen. Das Pfandrecht schließe deshalb eine Vermögensgefährdung nicht aus, die einem Vermögensschaden gleichzusetzen sei.[519]

---

[518] Der zweite vollendete Betrug des A zum Nachteil des B liege darin, daß er mittels Hingabe eines ungedeckten Schecks das Fahrzeug herausschwindelte. Der damit verbundene Verlust des Werkunternehmerpfandrechtes sei ebenfalls ein Vermögensschaden, der nicht nur den bereits bei Vertragsschluß entstandenen Schaden aufrechterhalte (BayObLG, JZ 1974, 189). Hier besteht kein Zweifel bezüglich dieses Vermögensschadens und im folgenden soll damit das Verhalten des A beim Abholen des Wagens außer Betracht bleiben.

[519] BayObLG, JR 1974, 336,337.

2. Meinungsstand im Schrifttum

a) Die herrschende Meinung

Die herrschende Meinung im Schrifttum[520] schließt sich der Rechtsprechung an. Eine Berücksichtigung der gesetzlichen Ausgleichsansprüche bei der Saldierung des Schadens ließe § 263 fast gänzlich leerlaufen.[521] Gesetzliche Ausgleichsansprüche könnten damit lediglich die Folgen des Schadens mindern und den Schaden nachträglich wiedergutmachen.[522]

b) Andere Auffassung

Ein Teil der Literatur bejaht die Kompensationsmöglichkeit von gesetzlichen Ausgleichsansprüchen.

Dabei besteht keine Übereinstimmung darüber, welcher gesetzliche Ausgleichsanspruch und zu welchem Zeitpunkt - bei der Eingehung eines Vertrages oder bei der Erfüllung des Getäuschten - der Anspruch bei der Saldierung des Schadens berücksichtigt werden soll.

(1) Cramer

Cramer hat nur beim Eingehungsbetrug die Kompensationsmöglichkeit der gesetzlichen Ausgleichsansprüche erörtert.[523]

---

[520] Dreher/Tröndle, § 263 Rn 32; Krey, Strafrecht/BT, Bd.2, Rn 458; Lackner, LK § 263 Rn 187; Maurach/Schroeder, Strafrecht, BT, Tb, 2, S. 420; Samson, SK § 263 Rn 136; Seelmann, JuS 1982, 511; Wessels, Strafrecht/BT, Teil 2, S.132.

[521] Seelmann, JuS 1982, 511, der jedoch keine Begründung für diese Ansicht liefert.

[522] Samson, SK § 263 Rn 136.

[523] Vermögensbegriff, S. 135, 138f; zustimmend Samson, SK § 263 Rn 136.

Er will einer durch das Eingehen einer schuldrechtlichen Verbindlichkeit eingetretenen Gefährdung dann die Anerkennung als Schaden verweigern, wenn dem Betroffenen genügend zivilrechtliche Gegenrechte, besonders die Anfechtungsmöglichkeit nach § 123 BGB zur Verfügung stehen. Diese Anfechtbarkeit kann den Schaden ebenso ausschließen, wie wenn der Täter vorzuleisten hat oder Erfüllung Zug um Zug vereinbart wurde.[524]

Anders sei es jedoch dann, wenn das bestehende Anfechtungsrecht nur mit Schwierigkeit realisiert werden kann.[525]

(2) Lackner und Eser

Lackner und Eser haben zuerst grundsätzlich die Kompensationsfähigkeit gesetzlicher Ausgleichsansprüche verneint.[526]

Sie haben als Grund jedoch nicht die gleichen Argumente wie die Rechtsprechung, sondern den wirtschaftlichen Minderwert der Ausgleichsansprüche angegeben. Der wirtschaftliche Minderwert ergebe sich nämlich aus der Tatsache, daß der Täter im Interesse der endgültigen Erhaltung seines Vermögensteils es darauf anlege, die gesetzliche Ausgleichsmöglichkeit zu vereiteln. Der Getäuschte sei regelmäßig in der Situation, die Voraussetzungen dieser Ansprüche beweisen zu müssen. Die konkrete Gefährdung, die dem Schaden gleichgesetzt ist, ergebe sich hier schon aus dem zielgerichteten Willen des Täters, die gesetzlichen Ausgleichsmöglichkeiten zu vereiteln.[527]

---

[524] Sch/Sch/Cramer, § 263 Rn 132.

[525] Cramer, Vermögensbegriff, S. 175ff; Sch/Sch/Cramer, § 263 Rn 131.

[526] Lackner, LK § 263 Rn 188; Eser, StR IV, Nr. 13 A20.

[527] Lackner, LK § 263 Rn 188.

Die Umstände des Einzelfalles können nach dieser Auffassung ausnahmsweise etwas anders ergeben, wenn der Täter, wie in den Fällen der Untreue[528] aus besonderen Gründen fähig und willig ist, den Ersatz oder Erstattungsansprüchen jederzeit nachzukommen. Sie sind damit der Meinung, daß wenn der Täter jederzeit ersatzbereit und -fähig ist und es damit ohne Schwierigkeit die Zugriffsmöglichkeit zum Vermögen des Täters gibt, ausnahmsweise der Schaden durch diesen Ersatzanspruch ausgeschlossen werden kann, da dies mit der wirtschaftlichen Betrachtungsweise vereinbar ist.[529]

Diese Auffassung zeigt, daß die Kompensation durch gesetzliche Ausgleichsansprüche nach der Erfüllung des Getäuschten möglich ist, sofern sie einen wirtschaftlichen Wert haben.

(3) Lenckner, Amelung, Meyer

Nach einer weiteren Auffassung besteht die schadensgleiche Vermögensgefährdung nur dort, wo der Getäuschte aufgrund des Irrtums bereits eine Lage schafft, in der der endgültige Verlust eines Vermögenswertes nicht mehr wesentlich von seinem Zutun abhängt.

Der Abschluß eines Werkvertrages z.B. führe eine solche Lage noch nicht herbei. Erst wenn der Getäuschte tatsächlich seine Leistung erbracht habe, wäre ein Vermögensschaden entstanden, sofern dem Arbeitsaufwand kein wirkliches Äquivalent gegenüberstehe.[530]

Demzufolge wurde an dem Urteil vom BayObLG, JZ 1974, 189 kritisiert, daß es von einem falschen Ansatz ausgehe. Stelle man, wie es im Urteil geschehen sei, allein auf den Zeitpunkt des Vertragsabschlusses ab, dann könnte der wegen

---

[528] Siehe unten c. Die Nachteilsberechnung in der Untreue als Vergleich für die Schadensberechnung im Betrug.

[529] Eser, StR IV, Nr.13 A 22.

[530] Amelung, NJW 1975, 625; Lenckner, JR 1974, 338; Meyer, MDR 1975, 357.

der Minderwertigkeit des Vergütungsanspruchs bereits entstandene Schaden durch das erst später entstehende Pfandrecht ohnehin nicht mehr ausgeglichen werden.[531] Die Frage, welche Werte bei der Schadensfeststellung als Ausgleich berücksichtigt werden dürfen, könne erst dann entstehen, wenn der Getäuschte seine Leistung tatsächlich erbracht hat, sein Vermögen also bereits effektiv verringert worden ist.

Da ein kompensationsbedürftiger Schaden erst mit dem Einsatz von Arbeitskraft entstehe, soll in diesem Zeitpunkt das Unternehmerpfandrecht berücksichtigt werde. Denn das Unternehmerpfandrecht des § 647 BGB habe keinen geringeren Wert als die Zurückbehaltungsrecht des § 320 BGB.[532] Wirtschaftlich gesehen sei der Unternehmer beim Abschluß eines Werkvertrages vor einem effektiven Verlust in gleicher Weise gesichert wie der Verkäufer durch die Möglichkeit, die Ware nur Zug um Zug gegen Bezahlung des Kaufpreises zu liefern. Jedoch müsse der Unternehmer im Unterschied zum Verkäufer zu diesem Zweck die Pfandsache verwerten. Der damit verbundene Aufwand rechtfertige jedoch keine andere Beurteilung, wenn der Unternehmer die fragliche Sachen in seinem Geschäftsbetrieb ohne weiteres veräußern könne. Anders sei es nur, wenn schon bei Vertragsabschluß damit gerechnet werden müßte, daß das Pfandrecht nicht oder nur mit Schwierigkeit realisierbar sei. Im vorliegenden Fall lage damit der Betrug nicht schon mit dem Abschluß des Werkvertrages vor, sondern folge aus der Schwierigkeit bei der Verwertung der Sicherheit (Kraftfahrzeugbrief in den Händen des Auftraggebers im vorliegenden Fall).[533]

Damit sei kein Grund ersichtlich, das gesetzliche und vertragliche Pfandrecht bei der Schadensberechnung unterschiedlich zu behandeln, denn dieses gesetzliche Pfandrecht sei ebenso wie das vertragliche Sicherungsmittel präventiver Art.[534]

---

[531] Amelung, a.a.O., S. 626; Lenckner, a.a.O., S. 339; Meyer, a.a.O., S. 357.

[532] Amelung, NJW 1975, 625.

[533] Amelung, a.a.O., S. 626; Lenckner, a.a.O., S. 339; Meyer, a.a.O., S. 357.

[534] Amelung, a.a.O.; zustimmend Blei, JA 1975, 103.

3. Zusammenfassung

Die überwiegende Rechtsprechung und die herrschende Auffassung in der Literatur verneinten die Kompensationsfähigkeit der gesetzlichen Ausgleichsansprüche bei der Saldierung des Schadens.

Demgegenüber erkennt ein Teil der Literatur die Möglichkeit an, daß auch gestzliche Ausgleichsansprüche die Vermögensminderung ausgleichen.

Im Detail bestehen jedoch die dargestellten Differenzen.

C. Die Nachteilsberechnung im Rahmen der Untreue als Vergleich für die Schadensberechnung im Betrug

Das Tatbestandsmerkmal der Nachteilszufügung in § 266 entspricht nach der überwiegenden Meinung dem der Vermögensbeschädigung in § 263.[535] Die Nachteilsberechnung wird damit auch nach objektiv-individualisierenden Maßstäben durch Saldierung vorgenommen. Bei der Untreue ist die Nachteilszufügung also zu ermitteln, in dem das Vermögen des Opfers, das aus der Pflichtverletzung des Täters resultiert, mit Vermögen verglichen wird, das er infolge einer dieser Handlungen oder Unterlassungen hat.[536]

Im Gegensatz zum Vermögensschaden des Betruges sollen bei der Untreue jedoch zivilrechtliche Schadensersatzansprüche gegen den Täter für die Nachteilsberechnung von Bedeutung sein.[537]

---

[535] RGSt 71, 333; 73, 283,285; BGHSt 15, 342, 343; BayObLG JZ 1973, 325; Dreher/-Tröndle, § 266 Rn 20; Hübner, LK § 266 Rn 90,95; Samson, SK § 266 Rn 37; Sch/Sch/-Lenckner, § 266 Rn 39.

[536] RGSt 73, 283,285; BGHSt 15, 342,344.

[537] RGSt 73, 283; BGHSt 15, 342; BGH MDR 1983, 281; BGH NStZ 1982, 331; BGH wistra 1988, 192; BGH wistra 1990, 352; vgl. nur Hübner, LK § 266 Rn 93.

Diese unterschiedliche Handhabung der Schadensberechnung beim Betrug einerseits und der Untreue andererseits soll zum Anlaß genommen werden, zu untersuchen, warum zivilrechtliche Ausgleichsansprüche - besonders Schadensersatzansprüche - bei der Schadensberechnung des § 266 berücksichtigt werden können.

I. Rechtsprechung

In RGSt 73, 283, in dem der Angeklagte als Rechtsanwalt in einer Reihe von Fällen Gelder für seinen Auftraggeber eingenommen und für sich verbracht hat, hat das RG für die Frage, ob ein Nachteil für den Auftraggeber entstanden ist, darauf abgestellt, ob der Angeklagte "einen dem Eingang (der für den Mandaten vereinnahmten Gelder) entsprechenden Betrag zur steten Auszahlung an den Berechtigten in seiner Kasse oder in gleich sicherer Weise ... sonstwo bereit gehalten hätte".[538]

Dieses "Bereithalten" ist nach BGHSt 15, 342[539], wo A unter Mißbrauch seiner Verwaltervollmacht einem Dritten darlehensweise Mittel aus der Konkursmasse zur Verfügung stellte, aber jederzeit selbst bereit und fähig war, diesen Fehlbestand notfalls aus eigenen Mitteln auszugleichen,[540] so zu verstehen, daß der Täter nicht nur jederzeit eigene flüssige Mittel in seiner Kasse oder in gleicher sicherer Weise ... zur Verfügung hat, die zur Deckung ausreichen, sondern daß er auch sein Augenmerk darauf richtet, diese Mittel ständig zum Ausgleich benutzen zu können. Dann nämlich entspriche der wirtschaftliche

---

[538] RGSt 73, 285.

[539] Auch NJW 1961, 68.

[540] Die Besonderheit dieses Falles liegt damit darin, daß die Verfügung hier nicht zum eigenen Vorteil erfolgt ist, sondern der Konkursverwalter von dem seiner Verfügung unterliegenden Bankkonto der Konkursmasse eine Überweisung auf das Konto eines anderen vorgenommen hat, um ein durch pflichtwidrige Maßnahmen eines Bankausgestellten dort aufgetrennes Defizit zu verschleiern, und so eine Verfügung getroffen hat, die wirtschaftlich einem Darlehensgeschäft ähnlich sind.

Wert des Ausgleichsanspruchs gegen den Täter dem Wert des weggefallenen Vermögensstückes, so daß ein Nachteil nicht entstanden sei.

Neben die Ersatzfähigkeit des Täters muß dem BGH zufolge also dessen Ersatzbereitschaft treten, um nach dem wirtschaftlichen Vermögensbegriff eine Nachteilszufügung auszuschließen, da nur bei Vorliegen beider Komponenten der wirtschaftliche Wert des Ausgleichsanspruchs gegen den Täter dem Wert der anderweitig eingesetzten Mittel entspricht.[541]

Aus demselben Erwägungen ließ das BayObLG[542] eine gegen dem Täter gerichtete Ausgleichsforderung unberücksichtigt, da dieser verhindert hat, daß der Betroffene von der Forderung alsbald Kenntnis erlangt. In diesem Fall hatte der Angeklagte den Eingang des von ihm vereinnahmten Betrages für sich verbraucht und eine Verbuchung des einkassierten Betrages bewußt unterlassen und damit eine Verrechnung dieses Betrages mit seinen Provisionsansprüchen absichtlich verhindert. Damit konnte ein Ersatzwille des Täters nicht festgestellt werden.

Eine Schadenskompensation soll nach dem BGH auch dann nicht möglich sein, wenn der Täter die schädigende Handlung verschleiert und damit dem Opfer die Geltendmachung der Ansprüche erheblich erschwert.[543]

Somit kann festgehalten werden, daß nach Ansicht der Rechtsprechung dann kein Nachteil im Sinne des § 266 vorliegt, wenn der Täter hinsichtlich des aus dem Untreueverhalten entstandenen gesetzlichen Schadensersatzanspruchs

---

541 Auch MDR 1983, 281; NStZ 1982,331.
Die Fälle BGHSt 15, 342 und KG v. 12. 10. 1964 (NJW 1965, 703,705) gleichen sich nur in der Ersatzfähigkeit der Beschuldigten nicht aber in dem Ersatzwillen. Das KG stellte in Widerspruch zu RG und BGH bei der Frage, ob ein Nachteil i.S.d. § 266 eingetreten ist, nur auf die Ersatzfähigkeit ab, ohne zu prüfen, ob auch ein Ersatzwille des Täters bestand. Aber dieser Beschluß des KG wurde von KG, NJW 1972, 218 korrigiert. Dabei wurde klargestellt, daß es für die Frage des Schadensausgleichs nicht nur auf das Vorhandensein der Ersatzfähigkeit, sondern auch der Ersatzbereitschaft ankommt.

542 JR 1973, 338 = JZ 1973, 325.

543 BGH wistra 1990, 352.

jederzeit durch eigene flüssige Mittel ersatzfähig und ersatzbereit ist.[544] Dann entspreche der wirtschaftliche Wert des Ausgleichsanspruchs gegen den Täter dem Wert des weggefallenen Vermögensstückes, so daß ein Nachteil nicht entstanden ist.[545]

II. Schrifttum

1. Die überwiegende Auffassung

Die überwiegende Auffassung im Schrifttum schließt sich ohne Kritik der Rechtsprechung an und ist der Meinung, daß die Ersatzfähigkeit und -bereitschaft des Täters den Schaden ausschließt.[546]

Insbesondere Schröder[547] hat aufgrund der wirtschaftlichen Schadensbetrachtungsweise vertreten, daß auch die gesetzlichen Ausgleichsansprüche den Schaden auszuschließen. Wenn man die gesetzlichen und deliktischen Ersatzansprüche als bloße Wiedergutmachung des Schadens bezeichnen und sie von der Berücksichtigung im Rahmen der Vermögensbewertung ausschließen würde, so gebe man in diesem Punkte den wirtschaftlichen Vermögensbegriff und die Saldotheorie auf. Denn es könne kaum bestritten werden, daß auch ein gesetzlicher Ersatzanspruch einen wirtschaftlichen Wert verkörpern könne und daß bei einem solventen Schuldner jeder Kaufmann diesen Anspruch als Aktivum in seine Bilanz einstellen werde.

Wolle man Betrug und Untreue als folglich reine Vermögensdelikte auffassen, so erscheint ihm konsequent, auch gesetzliche Ausgleichsansprüche in Betracht zu ziehen. Dies gelte, obwohl in den meisten Fälle das Ergebnis durch die Tatsache bestimmt werde, daß derartige Ansprüche gegen einen Täter, der seine

---

[544] BGH wistra 1988, 192; OLG Celle MDR 1990, 346.

[545] BGHSt 15, 342,344.

[546] Vor allem Hübner, LK § 266 Rn 93.

[547] JR 1961, 269; JR 1973, 339.

deliktischen Absichten durch die Tat bewiesen hat, wirtschaftlich kein Äquivalent darstellen werden. Entschiede man sich trotzdem für den Standpunkt, daß gesetzliche Ansprüche niemals den Schaden ausschließen, so entferne man Betrug und Untreue von der Rechtsnatur eines reinen Vermögensdeliktes. Geschätztes Rechtsgut wäre dann auch Treue und Glauben im Verkehr und Pflichtgemäßheit der Handlungen eines Treupflichtigen.[548]

2. Andere Auffassungen

Die Ansicht der Rechtsprechung und herrschenden Meinung wird jedoch von verschiedenen Autoren kritisiert.

a) Labsch

Die Einwendungen Labschs gegen die h.M. sind vor dem Hintergrund der personalen Vermögenslehre zu sehen. Beim Vermögensschutz handele es sich nicht um den Schutz der abstrakten Wertmengen in ihrem Bestand, sondern um den Schutz der Wirtschaftsgüter in ihrer Bezogenheit auf die Person des Vermögensinhabers. Im Vordergrund stehe also der Schutz der Person, der bestimmte Wirtschaftsgüter rechtlich oder tatsächlich zugeordnet werden. Es gehe um die Entfaltung der Persönlichkeit des Vermögensträgers im gegenständlichen Bereich.[549]

Der Schaden bestehe damit bei der Untreue darin, daß der Täter durch seine tatbestandsmäßige Einwirkung auf Vermögensgüter den Berechtigten in einem Zustand versetze, in dem dessen personale Entfaltung im gegenständlichen Raum eingeschränkt und vermindert werde, weil seine wirtschaftlichen Entfaltungsmöglichkeiten gebunden und autonomer Zwecksetzung entzogen werden.

---

[548] JR 1961, 269; JR 1973, 339.

[549] Labsch, Untreue, S. 324.

Dies sei der Fall, wenn z.B. beim Treumißbrauchtatbestand unter Beibehaltung des Vermögensgüterstandes eine sachwidrige tatsächliche Nutzung erfolgt.[550]

Das Entstehen eines zivilrechtlichen Ersatzanspruchs wegen einer Nachteilszufügung durch Untreue setze damit einen zuvor entstandenen Nachteil notwendig voraus.[551] Auch wenn der Täter ersatzfähig und -bereit ist, ändere dies am Vorliegen des von ihm angerichteten Schaden nichts. Selbst die Erfüllung der Schadensersatzforderung mache nämlich den Schaden nicht ungeschehen, sondern gleiche ihn nur nachträglich wieder aus.[552] Selbst diejenigen eindeutigen Fälle, in denen der Berechtigte ohne weiteres wieder zu den ihm gebührenden Vermögenswerten komme, er folglich nicht auf Dauer in seinem Interesse beeinträchtigt sei, lasse sich nicht durch die Verneinung des Nachteilserfordernisses lösen.

Nach Labsch kann man jedoch unter Umständen im Rahmen der (allgemeinen) Rechtswidrigkeit nach den Grundsätzen der mutmaßlichen Einwilligung bzw. des rechtfertigenden Notstandes zu einer Straflosigkeit des Täters gelangen, wenn der Täter jederzeit ersatzfähig und -bereit ist.[553]

b) Lenckner

Auch Lenckner hat die Möglichkeit des Schadensausschlusses durch die Schadensersatzansprüche verneint, obwohl der Täter ersatzfähig und -bereit ist, da diese Ansprüche den Schaden voraussetzen.

Im Unterschied zu der Auffassung von Labsch will Lenckner jedoch nur in solchen Fällen die Möglichkeit des Schadensausschlusses bejahen, in denen jemand Geld, das ihm zweckgebunden zur Durchführung eines Auftrages

---

[550] Labsch, Untreue, S. 326.

[551] Labsch, Jura 1987, 417; ders., wistra 1985, 8.

[552] Labsch, Untreue, S. 323.

[553] Labsch, Jura 1987, 418.

übereignet worden ist, für sich verwendet. Denn dadurch füge er dem Auftraggeber keinen Nachteil zu, weil er weiterhin willens und auf Grund eigener ausreichender Mittel imstande ist, den Auftrag durchzuführen.[554]

In den übrigen Fällen könne eine mutmaßliche Einwilligung anzunehmen sein.

III. Zusammenfassung

Nach Ansicht der Rechtsprechung und der herrschenden Meinung liegt dann kein Nachteil im Sinne des § 266 vor, wenn der Täter hinsichtlich des aus dem Untreueverhalten entstandenen gesetzlichen Schadensersatzanspruchs jederzeit durch eigene flüssige Mittel ersatzfähig und ersatzbereit ist. Dann entspreche der wirtschaftliche Wert des Ausgleichsanspruchs gegen den Täter dem Wert des weggefallenen Vermögensstückes, so daß ein Nachteil nicht entstanden ist.

Gegen diese Meinung wurde eingewandt, daß das Entstehen eines zivilrechtlichen Ersatzanspruchs wegen einer Nachteilszufügung durch Untreue damit einen zuvor entstandenen Nachteil notwendig voraussetze. Selbst die Erfüllung der Schadensersatzforderung mache den Schaden nicht ungeschehen, sondern gleiche ihn nur nachträglich wieder aus.

D. Kritische Stellungnahme

I. Kompensationszeitpunkt

Auf die Ansichten, die das Problem der Ausgleichsansprüche im Rahmen des Eingehungsbetrugs erörtern, braucht an dieser Stelle nicht weiter eingegangen zu werden. Wie oben ausgeführt[555], ist in der Eingehung einer Verbindlichkeit noch kein Schaden zu sehen.

---

[554] Sch/Sch/Lenckner, § 266 Rn 42.

[555] Vgl. Stellungnahme im 2. Abschnitt. Die Schadensberechnung beim Eingehungsbetrug dieses Teils.

Damit kommt es auf den Zeitpunkt an, in dem der Getäuschte seine Leistung erbracht hat. Auf diesem Zeitpunkt bezogen ist zu prüfen, ob die durch die Verfügung eingetretene Vermögensminderung durch Gegenansprüche ausgeglichen werden kann. Dadurch verschiebt sich die Problematik auf einen späteren Zeitpunkt als den, auf den die h.M. abstellt, so daß die dargestellten Ansichten nur bedingt aussagekräftig für dieses Problem sind.

II. Kompensationsfähigkeit der vertraglich vereinbarten Ausgleichsansprüche

Nach der Rechtsprechung und der Auffassung in der Literatur kann das vertraglich eingeräumte Rücktrittsrecht nur beim Vertragsschluß als kompensationsfähig berücksichtigt werden.
Demgegenüber könne das Rücktrittsrecht nach der Erfüllung des Getäuschten nur den entstandenen Schaden wiedergutmachen.

Fraglich ist, ob diese Unterscheidung gerechtfertigt werden kann.

Im maßgeblichen Kompensationszeitpunkt, hier in der Erfüllung, hat der Betroffene für sein Vermögensminderung nicht nur die minderwertige Sache, sondern auch das vertraglich eingeräumte Rücktrittsrecht erlangt. Wenn dieses Rücktrittsrecht wirtschaftlich vollwertig ist, kann durch dieses die Vermögensminderung ausgeglichen werden. Es kommt hier nur auf die rechtliche und faktische Durchsetzbarkeit eines Anspruches.

Unter welchen Voraussetzungen ein Ausgleichsanspruch als wirtschaftlich vollwertig bezeichnet werden kann, soll im folgenden noch konkretisiert werden.[556]

Der wirtschaftliche Wert des Rücktrittsrechts hängt jedoch nicht von der Form des Betruges - Eingehungs- bzw. Erfüllungsbetruges - ab. Eine unterschiedliche Behandlung infolge dieser Differenzierung vermag daher nicht zu überzeugen.

[556] Siehe unten S. 167.

Die Realisierbarkeit eines Anspruches setzt voraus, daß der Getäuschte die Forderung erkennen kann und der Täter ersatzwillig und -fähig ist. Obwohl dies im Einzelfall beurteilt werden muß, ist es sehr wahrscheinlich, daß der Getäuschte diese Forderung kennen kann, weil sie im Vertrag schon steht. Wenn der Getäuschte aufgrund der Geschäftsungewandtheit oder der Unerfahrenheit diesen Anspruch nicht realisieren wird, kann dieser Anspruch nicht ohne Schwierigkeit realisiert werden.

III. Kompensationsfähigkeit gesetzlicher Ausgleichsansprüche

Problematisch ist, ob daneben nicht auch gesetzliche Ausgleichsansprüche geeignet sein können, die Vermögensminderung zu kompensieren, so daß ein Schaden verneint werden muß.

Wenn man den Zeitpunkt der Kompensation nicht schon im Vertragsabschluß, sondern erst bei der Erfüllung des Getäuschten ansetzt, muß man die Kompensationsfähigkeit der gesetzlichen Ausgleichsansprüche bejahen. Denn diese gesetzlichen Ausgleichsansprüche sind genauso wie vertragliche Ausgleichsansprüche unmittelbar infolge der Vermögensverfügung des Getäuschten entstanden. Es liegt kein Grund vor, warum gesetzliche und vertragliche Ausgleichsansprüche bei der Schadensberechnung unterschiedlich behandelt werden sollen.

Die Werthaltigkeit eines Anspruches für den Geschädigten hängt nicht von dessen Entstehungsgrund, sei es der Vertrag oder das Gesetz, ab. Maßgeblich ist vielmehr der wirtschaftliche Wert des Anspruchs.

Das zeigt auch ein Vergleich mit dem Nachteilsbegriff im Rahmen der Untreue nach § 266. Das Tatbestandsmerkmal der Nachteilszufügung in § 266 entspricht, wie oben dargestellt,[557] nach der überwiegenden Meinung dem der

[557] Siehe oben S. 147.

Vermögensbeschädigung in § 263.[558] Die Nachteilsberechnung wird damit auch nach objektiv-individualisierenden Maßstäben durch Saldierung vorgenommen. Bei der Untreue ist die Nachteilszufügung also durch einen Vergleich des Vermögens, das das Opfer ohne den Befugnismißbrauch oder ohne die Pflichtverletzung des Täters hätte, mit dem Vermögen, das er infolge einer dieser Handlungen oder Unterlassungen hat,[559] zu ermitteln.

Anders als beim Vermögensschaden des Betruges soll allerdings der Wert von Schadensersatzansprüchen in bezug auf die Frage, ob ein Nachteil gem. § 266 entstanden ist, von Bedeutung sein. Nach der Rechtsprechung[560] und der überwiegenden Auffassung in der Literatur[561] fehlt es an einem Nachteil, wenn der Täter das Vermögen des Berechtigten pflichtwidrig mindert, aber jederzeit fähig und willig ist, aus eigenen flüssigen Mitteln die Vermögensminderung auszugleichen.

Hier stimmt die allgemein übliche Gleichung - Vermögensschaden des § 263 = Nachteil des § 266 - nicht mehr. Beim Betrug gilt der Grundsatz, daß zivilrechtliche Schadensersatzansprüche im Rahmen der Schadensermittlung nicht kompensationsfähig sind, während sie bei der Untreue den Schaden (Nachteil) ausschließen können.

Der einzige Versuch einer Begründung für diese unterschiedliche Behandlung im Rahmen des Schadens bzw. des Nachteils findet sich bei Otto. Der Grund hierfür liegt nach Otto[562] in der Besonderheit der Stellung des Täters zum geschützten Vermögen im Rahmen der Untreue. Worin diese Besonderheit

---

[558] RGSt 71,333; 73, 283,285; BGHSt 15, 342,343; BayObLG JZ 1973, 325; Dreher/-Tröndle, § 266 Rn 20; Hübner, LK § 266 Rn 90,95; Samson, SK § 266 Rn 37; Sch/Sch/-Lenckner, § 266 Rn 39.

[559] RGSt 73, 283,285; BGHSt 15, 342,344.

[560] RGSt 73, 283; BGHSt 15, 342; BGH MDR 1983, 281; BGH NStZ 1982, 331; BGH wistra 1988, 192; BGH wistra 1990, 352.

[561] Vgl. nur Hübner, LK § 266 Rn 93.

[562] JZ 1985, 74; ders., Strafrecht/Die einzelnen Delikte, S. 240.

konkret zu sehen ist, erklärt er jedoch nicht. Aufschluß könnte seine Vermögenslehre geben, nach der ein Vermögensschaden bei Beeinträchtigung der wirtschaftlichen Entfaltungsmöglichkeiten eines Vermögensträgers (die personale Vermögenslehre) vorliegt. In dem Fall, in dem der Treupflichtige pflichtwidrig das Vermögen des Berechtigen mindert, aber jederzeit willig und fähig ist, aus eigenen flüssigen Mitteln die Vermögensminderung auszuschließen, fehlt es an einer Beeinträchtigung der wirtschaftlichen Potenz des Vermögensträgers.[563] Da in diesem Fall der Vermögensinhaber nicht in seiner wirtschaftlichen Entfaltungsmöglichkeit betroffen ist, fehlt es nach Ansicht Ottos an einem Vermögensschaden. Dies kann nach Otto dazu führen, daß der Schaden beim § 266 anders zu bestimmen ist als beim § 263.

Das ist aber nicht überzeugend. Da aus der personalen Vermögenslehre, wie vorne dargestellt,[564] die Subjektivierung des Schadensbegriffs resultiert, soll nach hier vertretener Ansicht dem wirtschaftlichen Schadensbegriff gefolgt werden. Der Ansatz Ottos stellt damit keinen Grund dar, die Schadensfeststellung beim Betrug und bei der Unteue unterschiedlich zu behandeln. Beide Delikte stellen reine Vermögensdelikte dar, die nur das Vermögen schützen und deren Schadensberechnung nach denselben Kriterien zu erfolgen hat.

Unterschiede zwischen den Delikten existieren lediglich im Bereich der Tathandlung und der Tatsituation: Der Veruntreuende hat durch das treuwidrige Verhalten das Vermögen des Auftraggebers gemindert, während der Täter des Betruges durch die Täuschung das Vermögen des Getäuschten gemindert hat. Dieser Unterschied bewirkt jedoch keine unterschiedliche Schadensberechnung.

Zwar stellt die bei der Untreue gegebene Nähe des Täters zum Opfer ein Indiz dafür dar, daß wirtschaftlich gesehen der Ausgleichsanspruch wertvoll ist. Ist der Täter dem Opfer bekannt, wie immer in den Untreuefällen, und ist der Täter dazu noch bereit und fähig, dem durch seine Handlung entstandenen Ersatz-

[563] Otto, Vermögensschutz, 308,309; ders., JZ 1985, 74.

[564] Vgl. 1. Abschnitt. Rechtsgüterschutz und Vermögensbegriff des 1. Teils.

anspruch nachzukommen, so ist diesem Anspruch ein wirtschaftlicher Wert beizumessen, der geeignet ist, die Vermögensminderung zu kompensieren.

Es sind aber auch im Bereich des Betruges Konstellationen denkbar, in denen der Täter durchaus willig und fähig ist, die vom ihm verursachte Vermögensminderung auszugleichen. Das zeigt beispielsweise eine Abwandlung der Zellwollhosen-Entscheidung.[565] Der Händler H verkaufte dem Käufer K eine Wollhose. Vor der Übereignung überlegte er sich, daß er dem K statt dessen eine minderwertige Zellwollhose übereignen will. Falls K dieses entdecken sollte, wollte er ihm die Wollhose bzw. das Geld zurückerstatten. K entdeckte die Täuschung sofort und erlangte die Wollhose. In derartigen Fällen ist nicht von vornherein auszuschließen, daß dieser realisierbare Anspruch den Schaden kompensieren kann.

Im folgenden soll untersucht werden, welche Ausgleichsansprüche bei der Schadensberechnung im Betrug Berücksichtigung finden können. Dabei ist zu fragen, ob den Schadensersatzansprüchen tatsächlich eine so große Bedeutung als Ausgleichsanspruch beim Betrug zukommt, oder ob primär andere gesetzliche Ausgleichsansprüche bei der Schadensberechnung Berücksichtigung finden müssen.

Zunächst ist auf die Schadensersatzansprüche einzugehen.

1. Schadensersatzansprüche

Die Auffassung, auch Schadensersatzansprüche könnten die Vermögensminderung kompensieren, wird entgegengehalten, ein gesetzlicher Schadensersatzanspruch setze gerade einen Schaden voraus und könne logisch zwingend nicht den Betrugsschaden - so wie den Nachteil bei der Untreue - kompensieren.[566]

---

[565] BGHSt 16, 220.

[566] Labsch, Untreue, S. 325, 326; ders. Jura 1987, 418; Sch/Sch/Lenckner, § 266 Rn 42.

In dieser Allgemeinheit kann der herrschenden Meinung nicht gefolgt werden. Erforderlich ist zunächst eine genaue Betrachtung der einzelnen Schadensersatzansprüche, insbesondere der deliktischen. Im Anschluß daran soll die Kompensationsfähigkeit dieser beurteilt werden.

a) Schadensersatzansprüche gemäß §§ 823, 992 BGB

In Betracht kommt zunächst § 823 I BGB. Dieser Schadensersatzanspruch setzt die Verletzung eines der in § 823 I BGB aufgeführten Rechtsgüter voraus, nicht dazu gehört das Vermögen in seiner Gesamtheit.[567] § 823 I BGB schützt unter anderem das Eigentum. Eine Eigentumsverletzung ist in der täuschungsbedingten Verfügung jedoch nicht zu sehen.[568]

Betroffen ist vielmehr das Vermögen, welches vom Tatbestand des § 823 I BGB schon nicht erfaßt wird. Damit kann festgestellt werden, daß der Schadensersatzanspruch gem. § 823 I BGB als Ausgleichsanspruch bei der Schadensberechnung im Betrug keine Rolle spielt.

Dasselbe gilt für § 992 BGB. Dieser stellt eine Rechtsgrundverweisung auf das Deliktsrecht dar[569] und setzt ebenso eine Eigentumsverletzung voraus, die hier nicht gegeben ist.

Ein Schadensersatzanspruch gem. § 823 II BGB setzt den Verstoß gegen ein Schutzgesetz voraus. Als solches ist auch § 263 StGB anerkannt, so daß hierüber auch der Vermögensschaden einen ersatzfähigen Schaden darstellen kann.

Eine Berücksichtigung dieses Schadensanspruches verbietet sich jedoch, da er tatbestandlich voraussetzt, daß ein Betrug vorliegt. Es wäre damit ein Zirkelschluß, wenn für den Schaden des Betruges dieser Schadensersatzanspruch, der

---

[567] Palandt, BGB § 823 I Rn 31.

[568] Palandt, BGB § 823 I Rn 7.

[569] Palandt, BGB § 992 Rn 2.

wieder vom Schaden des Betruges abhängig ist, berücksichtigt würde. Damit muß dieser Schadensersatzanspruch bei der Saldierung des Schadens des Betruges außer Betracht bleiben.[570]

b) Schadensersatzanspruch gemäß § 826 BGB

Als möglicher Schadensersatzanspruch aus dem Deliktsrecht kommt demnach nur noch § 826 BGB in Betracht. Fraglich ist damit, ob der Schadensersatzanspruch wegen vorsätzlicher sittenwidriger Schädigung gem. § 826 BGB kompensationsfähig ist. Anders als bei § 823 I BGB ist hier auch das Vermögen als Ganzes geschützt und nicht die Verletzung eines besonderen Rechtsguts erforderlich.[571] § 826 BGB setzt lediglich voraus, daß in einer gegen die guten Sitten verstoßenden Weise einem anderen vorsätzlich ein Schaden zugefügt wurde.

Diese Voraussetzungen sind immer erfüllt, wenn der Täter vorsätzlich mittels einer Täuschung das Opfer veranlaßt, einen Vermögensgegenstand wegzugeben, so daß dieses - zivilrechtlich gesehen - einen Schaden erleidet. Ob der Schaden hier entstanden ist, kann unabhängig davon, ob der Schaden im Betrug entstanden ist, bestimmt werden. Denn dieser Schadensersatzanspruch setzt anders als § 823 II BGB i.V.m. § 263 den Schaden im Betrug nicht voraus.

Bei diesem Schadensersatzanspruch stellt sich erstmals Frage, ob er die durch die Vermögensverfügung beim Betrug ausgelöste Vermögensminderung ausgleichen kann.

Diese Frage ist entgegen der h.M.[572] zu bejahen.

---

[570] Auch aus diesen Erwägungen kann der Schadensersatzanspruch gem. § 992 2. Halbsatz BGB, der eine Straftat voraussetzt, keine Berücksichtigung bei Saldierung finden.

[571] Jauernig, § 826 Anm. II 2.

[572] Vgl. Lackner, LK § 263 Rn 188 Fn. 319.

Dem Einwand der h.M., die Betrachtung des zivilrechtlichen Schadensersatzanspruches als schadensausgleichend beim Betrug würde auch den Schaden für den Schadensersatzanspruch entfallen lassen, ist entgegenzuhalten, daß die Schadensbetrachtung des Strafrechts von der des Zivilrechts zu trennen ist.

Es ist seit langem anerkannt, daß derselbe Begriff in zwei Rechtsgebieten mit unterschiedlichen Inhalten verstehen werden kann und nicht zwingend von der Begriffsbildung der anderen Rechtsordnung abhängig ist.[573] Bruns kam zu dem Schluß, daß Bedeutungsinhalte identischer Begriffe im Zivilrecht und Strafrecht durchaus verschieden sein können und daher eigenständig ausgelegt werden müssen.[574] Engisch betonte auch die "Autonomie der strafrechtlichen Begriffsbildung".[575] Das bedeutet, daß der Schadensbegriff im Strafrecht nicht von dem des Zivilrechts abhängig ist, sondern parallel von diesem bestimmt werden kann. Auszugehen ist vom jeweiligen Sinn und Zweck der anzuwendenden Norm.

Die Schadensersatzansprüche des Zivilrechts bezwecken die Wiederherstellung des Vermögenszustandes vor der schädigenden Handlung. Der Betrugstatbestand soll das Vermögen schützen und zwar als ultima ratio, d.h. es darf kein milderes, ebenso geeignetes Mittel geben, um das Vermögen zu schützen.

Dies legitimiert die Sichtweise, daß der Schadensbegriff des Strafrechts ein leicht modifizierter von dem des Zivilrechts ist. In Fällen, in denen die Wiederherstellung der zivilrechtlichen Ausgangslage sicher ist, kann das Zivilrecht als das mildere Mittel angesehen werden. Einer Kriminalisierung mit Hilfe des Strafrechts bedarf es in diesen Fällen nicht.

Eine "Rückkoppelung" dieser Entscheidung im Rahmen des strafrechtlichen Schadensbegriffes auf den zivilrechtlichen Schadensbegriff in der Form, daß auch der hierfür erforderliche Schaden entfällt, findet hingegen nicht statt. Diese

---

[573] Bruns, JR 1984, 135,136; Engisch, Einführung in das juristische Denken, S. 78, 109.

[574] Bruns, a.a.O.

[575] Engisch, a.a.O.

Betrachtung ist auch nicht völlig ungewöhnlich: Der zivilrechtliche Schadensbegriff wird bislang auch schon weiter verstanden als der strafrechtliche Schadensbegriff. Der zivilrechtliche Schaden umfaßt nicht nur unmittelbare Schäden durch die Handlung des Schädigers, sondern auch mittelbare Schäden.[576]

Eine Berücksichtigung des Schadensersatzanspruches gem. § 826 BGB setzt jedoch in konsequenter Fortführung der wirtschaftlichen Betrachtungsweise die Werthaltigkeit dieses Anspruches voraus. Nur wenn der Täter fähig und willig ist, seine Verbindlichkeit aus § 826 BGB zu erfüllen, kommt diesem Anspruch ein wirtschaftlicher Wert zu, so daß die Vermögensminderung ausgeglichen wird. Ein Betrugsschaden liegt dann nicht vor. Es liegt allenfalls eine von § 263 StGB nicht geschützte Beeinträchtigung der Dispositionsbefugnis vor.

Damit kommt allenfalls nur die Berücksichtigung von § 826 BGB bei der Schadensberechnung in Betracht. Dies zeigt bereits, daß dem Schadensersatzanspruch keine so große Bedeutung als Ausgleichsansprüche zukommen kann, wie ihnen von der h.M. beigemenssen wird.

2. Gewährleistungs-, Bereicherungs- und Erfüllungsansprüche

Bei Täuschungen im Rahmen gegenseitiger Verträge kommen primär andere Ansprüche als Schadensersatzansprüche in Betracht. Welche Ansprüche ausgelöst werden, hängt maßgeblich davon ab, in welchem Stadium des Vertrages die Täuschung erfolgt.

a) Täuschung beim Vertragsschluß

Wenn der Täter beim Abschluß eines Vertrages täuscht und der Getäuschte seine Leistung erbracht hat, kann der Getäuschte diesen Vertrag gem. § 123 BGB anfechten.

---

[576] Palandt, BGB vor § 249 Rn 72.

Die Anfechtung bewirkt, daß der Rechtsgrund für die Leistung des Getäuschten wegfällt, so daß dieser einen Herausgabeanspruch gem. § 812 BGB erlangt. Da der Getäuschte seine Leistung bereits erbracht hat, ist sein Anfechtungsrecht derart eng mit dem Herausgabeanspruch verknüpft, daß letzterer bei der Saldierung berücksichtigt werden muß. Der Wert des Anfechtungsrechts hängt damit maßgeblich vom Wert des nach Ausübung des Anfechtungsrechts entstehenden Bereicherungsanspruches ab.

Zu fragen ist also, ob dieser Herausgabeanspruch und damit das Anfechtungsrecht wirtschaftlich wertvoll ist.

Gegen die Kompensationsfähigkeit des Anfechtungsrechts gem. § 123 BGB wird eingewendet, das Anfechtungsrecht gem. § 123 BGB sei praktisch im Betrugsfall zwar immer vorhanden, es sei aber unsicher, ob der Getäuschte diese Anfechtungsmöglichkeit benutzen wird, und damit liege schon eine schadensgleiche Gefahr vor.[577]

Zuzugeben ist, daß infolge der Täuschung beim Vertragsschluß immer das Recht des Getäuschten, den Vertrag anzufechten, entsteht. Darüber hinaus muß jedoch bei konsequenter wirtschaftlicher Betrachtung gefragt werden, ob dieses Recht einen wirtschaftlichen Wert darstellt.

Hat der Getäuschte seine Leistung bereits erbracht, ist bei der Bewertung des Anfechtungsrechts der damit verbundene Bereicherungsanspruch zu berücksichtigen. Der wirtschaftliche Wert dieses Anspruches hängt ausschließlich von der Fähigkeit und dem Willen des Täters ab, der Forderung aus § 812 I BGB nachzukommen und das Geld zurückzuzahlen bzw. den geleisteten Gegenstand zurückzuübereignen. Wenn der Täter bereit ist, oder wie im Fall BGHSt 22, 88 die Firma des Täters bereit ist, dem Bereicherungsanspruch des Opfers nachzukommen und das Geld zurückzubezahlen, kann der Getäuschte diesen Anspruch ohne Schwierigkeit realisieren. Wenn also das Opfer sein Anfechtungsrecht kennt und der Täter den daraus resultierenden Forderungen nachzukommen

---

[577] Vgl. 2. Abschnitt. Die Schadensberechnung beim Eingehungsbetrug dieses Teils.

bereit ist, ist das Anfechtsrecht als wirtschaftliches Äquivalent für die Vermögensminderung anzusehen. Ein Schaden ist dann nicht gegeben.

b) Täuschung bei der Erfüllung

Daneben ist die Konstellation denkbar, daß der Täter erst nach Abschluß des Vertrages die Täuschungshandlung vornimmt, z.B. durch die Hingabe eines ungedeckten Schecks, eines Falschgeldes oder eines mangelhaften Gegenstandes.

Da die Täuschung erst nach Vertragsschluß erfolgte, ist dieser nicht wegen arglistiger Täuschung nach § 123 BGB anfechtbar. Die Hingabe eines minderwertigen oder mangelhaften Gegenstandes löst jedoch Mängelgewährsleistungsansprüche aus oder hindert die Erfüllung, so daß nach wie vor der Erfüllungsanspruch z.B. aus § 433 I besteht. Den Wert dieser Ansprüche kann man wieder nach der wirtschaftlichen Betrachtungsweise beurteilen.

Wenn der Täter z.B. mit Falschgeld seine Schuld bezahlt hat, zeigt dies deutlich, daß er nicht zahlen will. Dieser Anspruch ist wirtschaftlich minderwertig, so daß ein Vermögensschaden vorliegt. Auch bei der Hingabe eines ungedeckten Schecks wird der noch bestehende Erfüllungsanspruch regelmäßig minderwertig sein, da es an der wirtschaftlichen Fähigkeit des Täters, die Forderung zu erfüllen, fehlen wird.

Täuscht z.B. ein Verkäufer bei Übereignung der Sache über die mangelnde Fehlerfreiheit des Gegenstandes, so kann die wirtschaftliche Betrachtung zu einem anderen Ergebnis kommen. Bei einer Speziesschuld löst die Mangelhaftigkeit ein Wandelungs- bzw. Minderungsrecht nach § 462 BGB aus, während bei einer Gattungsschuld der Erfüllungsanspruch bestehen bleibt oder der Käufer auch Wandelung oder Minderung gem. § 480 BGB wählen kann. Sollte der Verkäufer fähig und willig sein, diesen Erfüllungs- bzw. Gewährleistungsansprüche sofort nachzukommen, besitzen diese einen wirtschaftlichen Wert, der geeignet ist, die Vermögensminderung auszugleichen. Wenn auch beim Betrug, anders als bei der Untreue, die Täuschung häufig indiziert, daß der Täter nicht leistungswillig und -fähig ist, so ist dies kein Grund, die Kompensationsfähigkeit allgemein zu verneinen. Dies zeigt, daß es auch bei der Schadensberechnung beim Betrug - ebenso wie bei der Untreue - auf eine wirtschaftliche Betrachtung im Einzelfall ankommt und nicht von vornherein ein Schaden angenommen werden kann.

Die Darstellung der verschiedenen Fallkonstellationen macht deutlich, daß es sich bei den hier problematisierten Ausgleichsansprüchen zumeist um Anfechtungsrechte verbunden mit Bereicherungsansprüchen, Gewährleistungsrechten oder Erfüllungsansprüchen handelt. Die von der Rechtsprechung und herrschenden Literatur häufig vorgenommene Reduzierung des Problems der Ausgleichsansprüche auf Schadensersatzansprüche ist daher nicht haltbar. In den meisten Fällen bestehen - wie gezeigt - andere Ausgleichsansprüche als Schadensersatzansprüche, so daß in diesen Fällen das Argument der Gegenmeinung, gesetzliche Ausgleichsausprüche setzten einen Schaden voraus, nicht überzeugend ist.

3. Gesetzliche Pfandrechte

Ein anderes Beispiel dafür, daß die gesetzlichen Ansprüche auch bei der Schadensberechnung zu berücksichtigen sind, zeigt das Unternehmerpfandrecht gem. § 647 BGB.

Der Werkvertrag gem. § 631 BGB ist ein gegenseitiger Vertrag, durch den der Unternehmer zur Herstellung des versprochenen Werkes, der Besteller zur Entrichtung der vereinbarten Vergütung verpflichtet wird (§ 631 BGB). Zur Sicherung seiner Forderungen aus dem Werkvertrag hat der Unternehmer ein gesetzliches Pfandrecht an den von ihm hergestellten oder ausgebesserten Sachen des Bestellers, wenn sie in seinem Besitz gelangt sind (Unternehmerpfandrecht, § 647 BGB).

Als Täuschungshandlung ist hier denkbar, daß der Besteller dem Unternehmer seine Zahlungswilligkeit oder -fähigkeit vorspiegelt.

Wie oben dargestellt,[578] sieht das BayObLG bereits in diesem Verhalten bei Vertragsschluß eine schadensgleiche Gefahr. Der vorleistungspflichtige Unternehmer habe kein Zurückbehaltungsrecht gem. § 320 BGB und das Unternehmerpfandrecht entstünde erst nach erbrachter Werkleistung. Zwar soll nach der hier vertretenen Auffassung die Schadensberechnung erst nach der Erfülllung durch den Getäuschten erfolgen, es ist dennoch kurz auf die Ansicht des BayObLG einzugehen.

Auch bei Vertragstypen, bei denen keine Vorleistungspflicht für einen Vertragspartner besteht, entsteht das Zurückbehaltungsrecht erst, wenn die geschuldete Leistung dem Vertragspartner angeboten wird. Der Werkunternehmer muß zwar erst seine Werkleistung vollbringen, ohne daß ihm vorher ein Zurückbehaltungsrecht zustand, als Ersatz dafür steht ihm jedoch das Pfandrecht zu. Allein diese Konstellation bei Verträgen mit Vorleistungspflicht rechtfertigt damit noch nicht die Behauptung des BayObLG, daß schon mit Vertragsabschluß insbesondere eines Werkvertrages eine schadensgleiche Gefahr vorliege. Die Situation beim Werkvertrag ist nicht anders zu beurteilen als bei anderen Vertragstypen. Darüber hinaus wird die zivilrechtliche Wertung, daß der Werkunternehmer erst nach erbrachter Arbeitsleistung durch das Pfandrecht gesichert ist, durch eine auf den Zeitpunkt des Vertragsabschlusses abstellende Schadensbetrachtung unterlaufen. Dies macht deutlich, daß die h.M. mit der Vorverlagerung des vollendeten Betruges auf den Zeitpunkt der Eingehung der Verbindlichkeit noch über die Wertungen des Zivilrechts hinausgeht. Von Strafrecht als ultima ratio kann dann nicht mehr gesprochen werden. Es ist daher auf den Zeitpunkt der Erfüllung abzustellen. Ein Schaden des Werkunternehmers kann dann vorliegen, wenn seinem Arbeitsaufwand kein Äquivalent gegenübersteht.

Als Äquivalent zum Arbeitsaufwand des Unternehmers kann das gesetzlich entstandene Werkunternehmerpfandrecht angesehen werden. Denn dieses ist unmittelbare Folge der durch den Unternehmer erbrachten Arbeitsleistung, also Folge der vermögensmindernden Verfügung. Das Unternehmerpfandrecht hat praktisch die gleiche Funktion wie vertragliche Sicherheiten, weil das Vorleistungsrisiko des Unternehmers durch die in §§ 647, 648 BGB geregelten

[578] Siehe oben S. 143.

Sicherheiten verringert werden soll. Wenn der Werkunternehmer seine Leistung, Z.B. Ausbesserungsarbeiten an einer beweglichen Sache, erbracht hat und dafür das gesetzliche Pfandrecht entstanden ist, liegt kein Schaden vor, wenn dieses Pfandrecht ohne Schwierigkeiten und ohne besonderen Aufwand verwertet und dadurch der Arbeitsaufwand gedeckt werden kann. Wenn der Werkunternehmer das Pfandrecht jedoch nicht verwerten kann - es kann z.B. sein, daß der für die Verwertung erforderliche Kraftfahrzeugschein in Händen des Auftragsgebers liegt -, dann kann dieses Pfandrecht nicht als vollwertig bezeichnet werden. Maßgeblich ist also wieder die auf den Einzelfall bezogene Betrachtung.

Bei einem wirtschaftlich vollwertigen Pfandrecht muß entgegen der Rechtsprechung das gesetzliche Pfandrecht ebenso wie das vertragliche Pfandrecht in der Saldierung berücksichtigt werden. Das gesetzliche Pfandrecht, das als wirtschaftlich wertvoll beurteilt wird, ist demzufolge geeignet, die Vermögensminderung auszugleichen.

IV. Zusammenfassung

Zusammenfassend kann damit festgestellt werden, daß gesetzliche Ausgleichsansprüche grundsätzlich die Vermögensminderung kompensieren können. Wenn auch praktisch in den meisten Betrugsfällen der wirtschaftliche Minderwert dieser Ansprüche durch die Täuschung indiziert ist, ist dies doch kein Grund, überhaupt die Möglichkeit des Schadensauschlusses durch die gesetzlichen Ausgleichsansprüche zu verneinen. Es muß im Einzelfall aufgrund der konkreten Umstände beurteilt werden, ob ein gesetzlicher Anspruch wirtschaftlich minderwertig ist.

Ausgleichsansprüche sind wirtschaftlich vollwertig und müssen der Saldierung berücksichtigt werden, wenn sie ohne Schwierigkeit realisiert werden können. Ein Anspruch ist ohne Schwierigkeit realisierbar, wenn folgende Voraussetzungen erfüllt sind.

Der Betroffene muß von seiner Ausgleichsforderung Kenntnis erlangen, weil er erst dadurch die Möglichkeit erhält, die zur Verwirklichung dieser Forderung notwendigen Maßnahmen zu ergreifen. Unerheblich für die Schadensberechnung ist, ob der Getäuschte später tatsächlich seine Forderung realisiert. Wenn das Opfer diese Möglichkeit kennt und sie ohne Schwierigkeit realisieren kann, ist hier kein Schaden entstanden. Wenn jedoch der Getäuschte aufgrund seiner etwaigen Geschäftsungewandheit oder Unerfahrenheit seine Ausgleichsforderung nicht wird realisieren können, so muß dies bei der Bewertung des Anspruches Berücksichtigung finden. Besteht eine konkrete Gefahr, daß die mangelnde Erfahrung des Opfers zur Nichtgeltendmachung des Anspruches führt, so kann dies den Wert des Ausgleichsanspruches mindern. Die Vermögensminderung des Getäuschten ist dann durch den Ausgleichsanspruch nicht voll ausgeglichen und der Schaden ist damit entstanden.

Ein gegen den Täter gerichteter Ausgleichsanspruch stellt ein ausreichendes Äquivalent dar, wenn der Anspruch infolge vorhandener Ersatzfähigkeit oder -bereitschaft des Täters sofort realisiert werden kann. Wenn der Täter ersatzbereit und -willig ist, sind gesetzliche Ausgleichsansprüche wirtschaftlich ebenso vollwertig wie vertragliche Ausgleichsansprüche und verhindern die Schadensentstehung. Fehlt es im Zeitpunkt der Tat an der Ersatzfähigkeit des Täters, kann auch eine später eintretende Zahlungsfähigkeit die Schadensentstehung nicht verhindern. Eine Zahlung stellt dann lediglich eine Schadenswiedergutmachung dar. Eine Ausnahme von diesem Grundsatz besteht jedoch dann, wenn der Anspruch ausreichend abgesichert ist. Sicherheiten gleichen den Minderwert des Ausgleichsanspruches aber nur dann aus, wenn sie zur Erfüllung des Anspruches ohne Schwierigkeiten verwertbar sind.

Nur dieses Ergebnis entspricht der wirtschaftlichen Betrachtungsweise und bewirkt zudem, daß die Schadensbetrachtung bei der Untreue und beim Betrug nach denselben Grundsätzen erfolgt.

Diese restriktive Ausglegung entspricht auch der subsidiären Natur des Strafrechts. Aus dem Grundatz der Verhältnismäßigkeit wird heute abgeleitet, daß die schwere Sanktion der Kriminalstrafe nur eingesetzt werden soll, wo andere Möglichkeiten des Rechtsgüterschutzes versagen. Das ist gerade bei der Auslegung des § 263 zu beachten, der der Gefahr unangemessener Erweiterungen ausgesetzt ist.[579]

[579] Dazu Nauke, Zur Lehre vom strafbaren Betrug, S. 101ff.

5. Abschnitt
Die Schadensberechnung beim Kreditbetrug

A. Problemdarstellung

Im Zusammenhang mit der Schadensberechnung beim Kreditbetrug stellen sich mehrere Fragen. Zunächst ist zu klären, was unter Kreditbetrug im Sinne des § 263 zu verstehen ist. Weiterhin ist fraglich, wann ein Schaden im Falle eines Kreditbetruges eintritt und unter welchen Voraussetzungen eine Schädigung des Kreditgebers angenommen werden kann.

I. Schadenseintritt durch die Vermögensgefährdung beim Kreditbetrug

Das Erschleichen eines Geldkredites, Warenkredites, Wechsels, oder einer Bürgerschaft oder ähnlichen durch Täuschung über die Vermögenslage des Kreditnehmers wird in der Rechtsprechung und im Schrifttum als Kreditbetrug bezeichnet.[580] [581]

---

[580] Beispielsweise Lackner, LK § 263 Rn 212.

[581] Auch § 265b i.d.F. des 1. WiKG ist als "Kreditbetrug" bezeichnet worden. § 265b als abstraktes Gefährdungsdelikt steht im Vorfeld des allgemeinen Betruges. Für die Vollendung dieses Deliktes kommt es damit allein auf die Täuschungshandlung im Zusammenhang mit Erlangung eines Kredits an, ohne daß ein tatsächlicher Schadenseintritt nachzuweisen ist.
Es ist damit umstritten, welches Rechtsgut durch § 265b geschützt wird. Nach der überwiegenden Meinung ist das geschützte Rechtsgut das "Funktionieren des Kreditwesens" und wird nur "mittelbar" daneben auch das Vermögen geschützt. In: Blei, JA 1976, 807; Eser, StR IV, S. 161; Jung, JuS 1976, 757; Otto, Grundkurs, § 61 III 1; ders., Jura 1989, 29ff; Sch/Sch/Lenckner, § 265b Rn 3; Tiedemann, LK § 265b Rn 9; Weber, LH 4, S. 16ff; Wessels, BT II, S. 136.
Eine andere Auffassung lehnt dieses eigenständige neue Rechtsgut ab, geht aber von einem mittelbaren Schutz des Kredits durch § 265b aus. In: Dreher/Tröndle, § 265b Rn 6; Lackner, § 263 Rn 4, 331; ders., StGB, § 265b Rn 1.
Je nach Bestimmung der Rechtsgüter im § 265b ist entweder Idealkonkurrenz mit Betrug i.S.d. § 263 oder die Subsidiarität des § 265b gegenüber § 263. Vgl. über den Streit des geschützten Rechts im § 265b und das Verhältnis des § 263 zu § 265 b, Lackner, Lk § 263 Rn 212; Otto, Jura 1983, 17, 22; Lampe, a.a.O, S. 37,41.
Aber § 265 b setzt als abstraktes Gefährdungsdelikt nicht die Verwirklichung der Betrugsmerkmale voraus und hat einen selbständigen Zweck neben dem Vermögensschutz. Auch aus dem § 265 b folgt keine Einschränkung des Anwendungsbereiches der § 263.

Der Betrug i.S.d. § 263 ist dadurch gekennzeichnet, daß der Täter durch die Täuschung einen Irrtum des Kreditgebers über die Vermögenslage des Kreditnehmers erweckt, aufgrund dessen der Getäuschte über eigenes Vermögen oder über das Vermögen eines Dritten verfügt, indem er den Kredit gewährt, jedoch als Gegenleistung kein wertentsprechendes Äquivalent erhält.[582]

Einigkeit besteht dahingehend, daß nicht erst die unterbliebende Rückzahlung des Darlehens einen Schaden darstellt. Vielmehr wird der Schaden beim Kreditbetrug schon in einer zeitlich vorgelagerten Vermögensgefährdung gesehen. Der Leistung des Darlehensgebers steht ein in seinem rechtlichen Bestand unberührter, infolge der Zahlungsunwilligkeit oder -unfähigkeit des Schuldners in seiner Realisierung aber gefährdeter Anspruch gegenüber. Die Gefahr, daß der Kredit zum Fälligkeitszeitpunkt nicht oder jedenfalls nicht rechtzeitig zurückgezahlt wird, wird als die schadensgleiche Vermögensgefährdung aufgefaßt.[583]

Dabei wird zum einen bereits in der Kreditzusage eine schadensgleiche Vermögensgefährdung gesehen. Zu diesem Zeitpunkt jedoch ist die erforderliche Konkretheit der Vermögensgefährdung noch nicht gegeben. Diese liegt erst mit der Kreditgewährung vor.[584] Denn der Abschluß des obligatorischen Vertrages - hier Kreditzusage -führt zunächst nur zur Gefahr der Kreditgewährung an den rückzahlungsunwilligen oder rückzahlungsunfähigen Täter. Wie bereits die Erörterung des Eingehungsbetruges ergab, bedeutet diese Gefahr nichts anderes als eine bloß abstrakte, die nicht als schadengleich angesehen werden kann.[585]

---

[582] BGHSt 15, 24; GA 1965, 149; NStZ 1981, 351; NJW 1986, 1183; Dreher/Tröndle, § 263 Rn 31; Lackner, LK § 263 Rn 212; Otto, Jura 1983, 17; Samson, SK § 263 Rn 181; Sch/Sch/Cramer, § 263 Rn 162; Lampe, Kreditbetrug, S. 25.

[583] In: Lampe, Kreditbetrug, S. 25. Vgl. auch BGHSt 15, 24; NJW 1964, 874; NStZ 1981, 359; NJW 1986, 1183; Cramer, Vermögensbegriff, S. 137; Dreher/Tröndle, § 263 Rn 31; Riemann, Vermögensgefährdung, S. 134.

[584] BGHSt 15, 27; BGHSt, GA 1961, 114; Cramer, Vermögensbegriff, S. 134ff; Lackner, a.a.O. Rn 212, 224; Otto, a.a.O.; Riemann, Vermögensgefährdung, S. 87,88,133; Sch/Sch/-Cramer, § 263 Rn 162; Dagegen Lampe, Kreditbetrug, S. 25,26; Samson, SK § 263 Rn 181. Bei der bloßen Kreditzusage soll nach dieser Auffassung die Strafbarkeit unter den Voraussetzungen des Eingehungsbetruges eintreten.

[585] Siehe oben S. 99.

Erst wenn der Getäuschte vorleistet und die Leistung des Täters - Schuldners - in der Zukunft erhalten soll,[586] besteht die Gefahr des endgültigen Verlustes des "ausgezahlten" Kredites, so daß von einer schadensgleichen Gefährdung gesprochen werden kann.[587] Der Schaden tritt also nicht erst im Zeitpunkt der Nichtrückzahlung des Darlehens, sondern im Zeitpunkt der Vorleistung in Form der Kreditgewährung ein.

Man kann damit den Kreditbetrug nicht als den "klassischen" Fall des Eingehungsbetruges bezeichnen, der aufgrund der Vorverlagerung des Schadenseintritts der Kritik ausgesetzt ist. Es stehen sich nicht wie bei einem Fall des Eingehungsbetruges zwei auf einen Vertrag gegründete Ansprüche gegenüber, sondern die effektive Weggabe eines Vermögensgutes stellt die vermögensgefährdende Vorleistung dar.[588]

II. Vermögensschaden aufgrund fehlender Bonität einer Forderung

Der wirtschaftliche Wert einer Forderung wird durch ihre Bonität bestimmt. Besteht die Gefahr, daß eine Forderung nicht erfüllt wird, so fehlt es der Forderung an Bonität. Dieser Mangel kann auf zwei Faktoren beruhen: auf fehlender Zahlungsfähigkeit und auf Zahlungsunwilligkeit des Schuldners. Die Bonität der Forderung ist zwar rechtlich betrachtet unbeeinträchtigt, wirtschaftlich gesehen jedoch wegen der Zahlungsunfähigkeit oder -unwilligkeit des Täters unsicher.[589]

Fraglich ist es nun, in welcher Weise sich die fehlende Bonität aufgrund der Zahlungsunwilligkeit oder Zahlungsunfähigkeit des Täters im Hinblick auf die Vermögensgefährdung auswirkt.

---

[586] Kießner, Kreditbetrug, S. 52; Lampe, Kreditbetrug, S. 25.

[587] BGHSt 15, 27; Sch/Sch/Cramer, § 263 Rn 162; Lackner, LK § 263 Rn 212.

[588] Dagegen Kreditbetrug als Eingehungsbetrug, Lampe, Kreditbetrug, S. 24; Seelmann, JR 1986, 347; Samson, SK § 263 Rn 181.

[589] Otto, Jura 1991, 496.

B. Die mangelnde Zahlungsfähigkeit des Schuldners

Steht im Zeitpunkt der Kreditgewährung fest, daß der Schuldner im Zeitpunkt der Fälligkeit nicht leistungsfähig sein wird, ist nach h.M.[590] die Forderung nicht vollwertig. Ihr mangelt es an Bonität. Der Rückzahlungsanspruch gegen den zahlungsunfähigen Schuldner ist wirtschaftlich wertlos.[591]

Hinsichtlich der Zahlungsunfähigkeit ist entsprechend dem Erfordernis einer konkreten Vermögensgefährdung für die Annahme des Schadens zu verlangen, daß die Erfüllung des Anspruchs in Frage gestellt ist, daß sie nach den konkreten Umständen als unwahrscheinlich gelten muß.[592] Hier kommt es damit nicht auf die tatsächliche, sondern auf die voraussichtliche Zahlungsunfähigkeit an. Um sie festzustellen, ist die objektiv "nachträgliche" Prognose erforderlich.[593]

Führt die Prognose damit im Zeitpunkt der Begründung der Forderung zu dem Ergebnis, daß nach kaufmännischer Betrachtung die Rückzahlung im Fälligkeitszeitpunkt sicher ist, so ändern bloß abstrakte Möglichkeiten, daß Umstände eintreten, die die Rückzahlung unmöglich machen, das Urteil über die Bonität der Forderung nicht.[594] Fällt diese Prognose umgekehrt negativ aus, ist das Vermögen des Kreditgewährenden in einer schadensgleichen Weise gefährdet. Dann kommt es nicht mehr darauf an, ob der Täter schließlich zahlt oder nicht.[595]

---

[590] Lackner, LK § 263 Rn 214; Otto, Jura 1983, 18; Samson, SK § 263 Rn 181; Sch/-Sch/Cramer, § 263 Rn 162; auch RGSt 9, 168; BGHSt, GA 1966, 51; BGH NStZ, 1981, 351; BGH NJW 1986, 1183.

[591] Bockelmann, NJW 1961, 145.

[592] Bockelmann, a.a.O.

[593] Lampe, Kreditbetrug, S. 28; Otto, Jura 1983, 18; Lackner, LK § 263 Rn 214, 220; Riemann, Vermögensgefährdung, S. 136; Samson, SK § 263 Rn 181; Sch/Sch/Cramer, § 263 Rn 162.

[594] Lampe, Kreditbetrug, S. 28.

[595] Lampe, Kreditbetrug, S. 28; Riemann, Vermögensgefährdung, S. 136.

Trotz dieser Einigkeit über die Berechnungsgrundlage werden unterschiedliche Ansichten bezüglich der Bemessung des Gefahrgrades in der Literatur geäußert. Es ist hier fraglich, nach welchen Kriterien der Gefahrgrad bemessen wird, mit dem die Möglichkeit künftiger Leistungsunfähigkeit beurteilt wird.

Nach einer Entscheidung des BGH[596] muß die Unsicherheit hinsichtlich der Darlehensrückzahlung einen Grad erreichen, der über das übliche, von den Beteiligten vorausgesetzte und auch in Kauf genommene Maß an Risiken hinaus geht.

Lackner[597] will dagegen schon eine geringere Überschreitung des üblichen Risikos zur Annahme einer schadensgleichenden Vermögensgefährdung genügen lassen. Wird der Kreditgeber bewußt falsch informiert und handelt es sich dabei um einen Umstand, der nach allgemeiner Verkehrsanschauung ein für die Beurteilung künftiger Leistungsfähigkeit wichtiger Faktor ist, dann sei der Wert des Kreditanspruches schon dann gemindert, wenn die Leistungsfähigkeit zum Fälligkeitstag nicht durch andere Umstände gesichert erscheint. Es entspreche nicht der Verkehrsanschauung, Kreditansprüchen erst dann minderen Wert beizumessen, wenn sie erst im Zeitpunkt der kreditgewährung im strengen Sinne des kaufmännischen Sprachgebrauchs "dubios" sind, d.h. als ganz oder teilweise verloren angesehen werden müssen. Es reiche aus, daß sie aufgrund der Umstände, über die der Täter getäuscht hat, eine ungewisse Entwicklung erwarten lassen.[598]

Andere Autoren fordern demgegenüber einen höheren Grad der Gefahr hinsichtlich der Möglichkeit künftiger Leistungsfähigkeit.[599] Eine Vermögensgefährdung sei vielmehr erst dann einem Vermögensschaden vergleichbar, wenn sie den Grad erreicht hat, bei dem "ein ordentlicher Kaufmann das gefährdete

---

596 BGH NStZ 1981, 351 = BGH bei Holtz MDR 1981, 810.

597 Lackner, LK § 263 Rn 214.

598 Lackner, a.a.O.

599 Bockelmann, ZStW 79 (1967), 28; vgl. Lackner, LK § 263 Rn 214.

Vermögensaktivum ganz oder zum Teil in seiner Bilanz abschreiben würde".[600] Die ungewisse Entwicklung des gefährdeten Kreditanspruches reicht demnach zur Feststellung des Schadens nicht aus, weil es ein Wesensmerkmal des Darlehensrückzahlungsanspruches sei, daß er grundsätzlich mit einer gewissen Unsicherheit, die sich zu einer Gefahr bis hin zu einem endgültigen Schaden ausweiten kann, behaftet ist.[601]

Dieser Einschränkung ist zuzustimmen. Der Maßstab, nach dem der Grad der Gefährdung zu messen ist, muß im Sinne einer einschränkenden Handhabung der Gleichsetzung von Gefahr und Schaden an kaufmännischen Grundsätzen orientiert werden.[602]

Es ist somit folgerichtig, eine konkrete Vermögensgefährdung erst dann anzunehmen, wenn sie einen solchen Grad erreicht hat, daß sie nach kaufmännischen Bewertungsgrundsätzen eine reale Wertminderung des Rückzahlungsanspruches bedeutet.[603] Solange im konkreten Fall das Risiko diejenigen Grenzen nicht überschreitet, die im Wirtschaftsverkehr als normal gelten müssen, kann also von der Schädigung eines der beteiligten Partner keine Rede sein.[604]

C. Die mangelnde Zahlungswilligkeit des Schuldners

Sehr umstritten ist die Frage, ob auch die Forderung dann minderwertig ist, wenn der Schuldner zwar zahlen kann, aber von Anfang an nicht zahlen will.[605]

---

[600] Bockelmann, a.a.O.; Lackner, a.a.O.

[601] Riemann, Vermögensgefährdung, S. 131.

[602] Arzt/Weber, LH 3, S. 141; Otto, BT, S. 227f; ders., Jura 1986, 18; Riemann, Vermögensgefährdung, S. 128.

[603] Riemann, Vermögensgefährdung, S. 131.

[604] Bockelmann, ZStW 79 (1967), 40.

[605] Beispielsweise BGHSt, GA 1967, 19.

Geht vom fehlenden Zahlungswillen eine Gefahr für die Befriedigung der Forderung aus, wird diese wie bei mangelnder Zahlungsfähigkeit den wirtschaftlichen Wert der Forderung in negativer Weise beeinflussen. Denn fehlt dem Schuldner der Wille zur Erfüllung der Forderung, kann der Gläubiger ihre Befriedigung nur mit gerichtlichem Zwang erreichen. Ist ein Zivilprozeß erforderlich, ist noch keinesfalls sicher, ob der Gläubiger gewinnen wird. Der Gläubiger trägt auch die Beweislast. Diese Unsicherheit, die sich bei der gerichtlichen Geltendmachung der Forderung ergibt, bedeutet eine Gefahr für die Befriedigung der Forderung. Dieser Forderung fehlt es an Bonität, sie ist wirtschaftlich minderwertig. Die Zahlungsunwilligkeit wird im Schriftum für die fehlende Bonität der Forderung als ausreichend angesehen.[606]

Jedoch ist es umstritten, inwieweit diese "Prozeßgefahr" konkret und damit schadensgleich ist.

Lackner[607] will auch dann einen Schaden bejahen, wenn etwa die Durchsetzung der Forderung auf dem Rechtsweg ohne größere Schwierigkeiten möglich sein sollte, weil mit erheblichen Kosten- und Zeitaufwand bis zur Erreichung des Prozeßzieles gerechnet werden müsse. Aus demselben Grund nimmt er einen Schaden auch bei Gewährung von ausreichenden Sicherheiten an, da der zielgerichtete Wille des Täters auf Vereitelung der Verwirklichung des Anspruchs entgegenstehe, was im Wirtschaftsverkehr eine Minderbewertung des Ausspruchs nach sich ziehe.[608]

Demgegenüber hält es Samson[609] für problematisch, den mangelnden Zahlungswillen als schadensbegründenden Faktor heranzuziehen. Denn der Darlehensgeber muß, wie jeder Gläubiger aus einem anderen Vertragsverhältnis, im

606 BGH GA 1967, 19; Kießner, Kreditbetrug, S. 53; Lampe, Kreditbetrug, S. 27; Lackner, LK § 263 Rn 207, 213; Otto, Jura 1983,19; Kritisch Samson, SK § 263 Rn. 181; Riemann, Vermögensgefährdung, S. 135.

607 Lackner, LK § 263 Rn 207, 216.

608 Auch Kießner, Kreditbetrug, S. 53.

609 Samson, SK § 263 Rn 181.

übrigen mit der Notwendigkeit rechnen, seinen Anspruch gegen den Schuldner auf dem Rechtsweg durchzusetzen. Auch die dafür erforderlichen Aufwendungen an Zeit und Kosten seien dem Vorteil des Täters nicht stoffgleich.[610]

Auch Otto[611] vertritt, daß eine Forderung unabhängig vom Zahlungswillen des Schuldners als vollwertig anerkannt werden kann, wenn sie durch Sicherheiten gedeckt ist oder sich gegen einen Schuldner richtet, aus dessen Vermögen die Befriedigung im Wege der Zwangsvollstreckung möglich ist. Das ändere nichts daran, daß die Durchsetzung mit dem Kosten- und Zeitaufwand verbunden sein kann, ohne daß dieser Realisierung der Forderung Hindernisse entgegenstehen, die über die Mühen, die mit jeder Zwangsvollstreckung typischerweise verbunden sind, hinausgehen. Sollen der Realisierung der Forderung hingegen wesentliche Hindernisse bereitet werden, so ist die Forderung wiederum unmittelbar in ihrem Wert beeinträchtigt, unabhängig davon, ob sie schließlich doch noch realisiert werden kann oder nicht.[612]

Tatsächlich wird man die Notwendigkeit der gerichtlichen Durchsetzung des Anspruchs - mit Kosten- und Zeitaufwand - zum normalen Geschäftsrisiko zählen müssen, ohne daß daraus eine unmittelbar vermögensmindernde Wirkung resultieren würde. Erst wenn erhebliche Schwierigkeiten, die über diese normale Risiko mit der Zwangsvollstreckung hinausgehen, der Realisierung der Forderung besteht, ist der Rückzahlungsanspruch durch Sicherheiten nicht mehr hinreichend gesichert und kann nicht als vollwertig anerkannt werden.[613]

D. Ausgleich der minderwertigen Forderung durch die Sicherheiten

Bei der voraussichtlichen Zahlungsunfähigkeit und -unwilligkeit des Schulnders ist der vollständige Ausgleich für den Minderwert des Rückzahlungsanspruches

[610] Boog, Vermögensschaden, S. 82.

[611] Jura 1983, 20.

[612] Otto, a.a.O.

[613] Otto, a.a.O.; Samson, SK § 263 Rn 181.

doch durch die von dem Gläubiger zur Verfügung stehenden Sicherheiten möglich.[614] Bei einer gesicherten Forderung gegen einen zahlungsunfähigen oder zahlungsunwilligen Schuldner ist nur dann ein Vermögensschaden denkbar, wenn die vorhandenen Sicherheiten zur Deckung des Kreditrisikos nicht ausreichen und nicht ohne Schwierigkeiten verwertbar sind. Sie bilden in diesem Fall keinen äquivalenten Ausgleich.[615]

Umstritten ist aber die Frage, wann die Sicherheiten ohne Schwierigkeiten verwertbar sind.[616]

Ob eine Verwertung der Sicherheiten volle Deckung des Kreditanspruchs erwarten läßt, hängt jeweils von der konkreten wirtschaflichen Lage und den Umständen des Einzelfalls ab. Maßgebend ist damit das Urteil eines unbeteiligten sachkundigen Beobachters auf der Grundlage der konkreten Situation.[617]

In dem Rahmen des hier relevanten Risikos sind auch die Kosten einer Zwangsvollstreckung und durch den Verzug bedingte Aufwendungen einzurechnen. Die Sicherheiten gleichen den Minderwert des Gegenanspruchs dann aus, wenn sie zur Deckung des Kreditrisikos nach wirtschaftlicher Betrachtungsweise ausreichen und ohne nennenswerte Schwierigkeit verwertbar sind.[618]

Keine nennenswerten Schwierigkeiten bieten jene Umstände, die üblicherweise mit einer Zwangsvollstreckung verbunden sind, wohl aber Umstände, die auf eine rechtswidrige Erschwerung oder Vereitelung der Zwangsvollstreckung abzielen.[619] Das Bestreiten einer Darlehensforderung, die Verwertung von Si-

---

[614] Kießner, Kreditbetrug, S. 52; Lampe, Kreditbetrug, S. 28.

[615] BGHSt 15, 24; NJW 1964, 874; NJW 1986, 1183; NStZ 1981, 351.

[616] Otto Jura 1983, 19; Lackner, LK § 263 Rn 217; auch st. Rspr, vgl. Lackner, LK § 263 Rn Anm. 350; BGH wistra 1992, 141.

[617] Sch/Sch/Cramer, § 263 Rn 162a.

[618] BGHSt GA 1966, 51.

[619] Otto; Jura 1983, 19; vgl. über die Einzelfälle Samson, SK § 263 Rn 181.

cherheiten oder die Vollstreckungen in Sachen, die der Schuldner verborgen oder sonst verbracht hat, vermindern damit den Wert einer Forderung und damit ihre Bonität.[620]

E. Besonderheiten des Vermögensschadens bei der Stundung

Auch in der Stundung einer Forderung als spezielle Form der Kreditgewährung kann ein Kreditbetrug i.S. des § 263 liegen.[621] Der für die Schadensfeststellung maßgebliche Zeitpunkt ist in diesem Fall die Eingehung der Stundungsabrede.[622]

Eine Stundung begründet nur dann einen Vermögensschaden, wenn durch sie die Forderung an Wert verliert. Dafür kommt es nicht auf die mit der Stundung verbundene rechtliche Schlechterstellung des Gläubigers an, sondern darauf, ob der wirtschaftliche Wert der Forderung geringer geworden ist.[623]

Eine schadensgleichende Vermögensgefährdung kommt danach erst in Betracht, wenn infolge der Stundungsvereinbarung eine Gefahr hinsichtlich der Realisierung der gestundeten Forderung eintritt. Nicht aber, wenn die Forderung bereits vor Zeitpunkt der Stundung wegen der Uneinbringlichkeit wirtschaftlich wertlos war, falls der Schuldner, schon bei der Stundung zahlungunfähig war.[624]

---

[620] Otto, a.a.O.; Samson, a.a.O.

[621] BGH bei Holtz MDR 1980, 273; BGH wistra 1986, 170.

[622] Otto, Jura 1983, 21.

[623] Vgl. auch Lackner, LK § 263 Rn 212.

[624] BGH bei Holtz, MDR 1980, 273; Dreher/Tröndle, § 263 Rn 31; Lackner, LK § 263 Rn 204, 245, 247; Riemann, Vermögensgefährdung, S. 131.

F. Ergebnis

Der Vermögensschaden tritt beim Kreditbetrug nicht mit der Kreditzusage, sondern mit der Kreditgewährung, d.h. mit der Erfüllung des Kreditgebers, ein. Wenn es an der Bonität des Kreditanspruches aufgrund der Zahlungsunfähigkeit und - unwilligkeit des Schuldners fehlt, liegt ein Vermögensschaden in Form der Vermögensgefährdung schon im Zeitpunkt der Kreditgewährung vor.

Der Maßstab des Gefahrgrades, mit dem die Möglichkeit künftiger Leistungsfähigkeit beurteilt werden muß, muß an kaufmännischen Bewertungsgrundsätzen orientiert werden. Der vollständige Ausgleich für den Minderwert des Rückzahlungsanspruches hängt davon ab, ob die vorhandenen Sicherheiten zur Deckung des Kreditrisikos ausreichen und sie ohne Schwierigkeit verwertbar sind.

3. Teil
Zusammenfassung

§ 263 fordert für die Vollendung des Betruges den Eintritt eines Vermögensschadens.

Das Rechtsgut des § 263 ist ausschließlich "Vermögen als Ganzes", d.h. Vermögen als die Summe der wirtschaftlich werthaften Funktionseinheiten. Denn Rechtsgüter sind im Rahmen der Verfassung die für den Bestand erforderliche und deshalb positiv bewertete werthafte soziale Funktionseinheit.

Im Unterschied zu dem abstrakten Rechtsgut "Vermögen" wird das Vermögen als das Angriffsobjekt des Betruges konkret bestimmt.

Objekte als Bestandteil des Vermögens setzen demnach die Tauschbarkeit im Wirtschaftsverkehr voraus, aber müssen gleichzeitig durch die Rechtsordnung anerkannt werden. Die Vermögensobjekte werden damit als die Gegenstände eines Rechtsgeschäftes, die rechtsgeschäftlich gegen Geld tauschbar sind, definiert.

Die objektive Betrachtungsweise bildet die Grundlage der Schadensberechnung. Ergibt der Vergleich der Vermögenslagen nach objektiven Maßstäben ein ausgeglichenes Verhältnis, kann sich nach dem Grundsatz der Individualisierung der Schadensberechnung ein Vermögensschaden aus der mangelnden Brauchbarkeit einer erworbenen Sache für den Betroffenen ergeben.

Ein Vermögensschaden infolge der erheblichen Einschränkung wirtschaftlicher Dispositionsfreiheit ist jedoch - entgegen der Rechtsprechung - zweifelhaft. Denn diese Ansicht gerät in Konflikt mit dem Erfordernis der Unmittelbarkeit des Schadens. Die Einschränkung wirtschaftlicher Dispositionsfreiheit ist nur eine mittelbare Folge der Vermögensverfügung. Wenn es dem Getäuschten am Gebrauchswillen fehlt, so ist der Wert des fraglichen Gegenstandes lediglich zum marktüblichen Wiederverkaufspreis zu veranschlagen. Im Fall des fehlenden individuellen Gebrauchswillens ergibt sich damit ein Vermögensschaden in der Höhe der Differenz zwischen dem marktüblichen Anschaffungspreis und dem Wiederverkaufspreis.

An die Bejahung des Vermögensschadens durch die konkrete Vermögensgefährdung liegt kein Zweifel vor. Die Eingehung eines Vertrages ist jedoch noch nicht die schadensgleiche Gefahr. Geschädigt ist der Getäuschte erst, wenn er seinerseits die eigene Leistung erbringt. Als effektiv schädigendes Ereignis ist die Erfüllungshandlung des Getäuschten anzusehen. Bis zur Erfüllung kann der Täter nur wegen des Versuchs bestraft werden. Dementsprechend handelt es bei der sog. Unterschriftserschleichung und dem sog. Anstellungsbetrug als Unterfälle des Eingehungsbetrugs nur um den Versuch des Betruges.

Wenn der Getäuschte durch den Vertragsabschluß einen Anspruch auf eine Leistung von bestimmten Wert erhält, so ist er geschädigt, wenn er im Rahmen der Vertragsabwicklung um diesen Anspruch gebracht wird oder eine Leistung von geringerem Wert erhält. Ob die Täuschungshandlung zugleich mit dem Vertragsabschluß erfolgt oder später vorgenommen wird, ist irrelavant. Denn der Anspruch des Getäuschten auf die Mehrleistung des Täters ist rechtlich durch das Verpflichtungsgeschäft gesichert, und wirtschaftlich wird der Wert des Anspruchs durch die Schlechterfüllungsabsicht des Täters nicht berührt. Dabei wird das Vorliegen eines Schadens des Getäuschten auch dann bejaht, wenn die Leistung des Täters den wirtschaftlichen Wert der Gegenleistung des Getäuschten erreicht.

Ob die Ausgleichsansprüchen des Getäuschten, die als Rechtsfolge der Täuschung erwachsen, bei der Schadensberechnung berücksichtigt werden müssen, soll nur beim Erfüllungsbetrug eine Rolle spielen.

Ausgleichsansprüche sind wirtschaftlich vollwertig und müssen der Saldierung berücksichtigt werden, wenn sie ohne Schwierigkeit realisiert werden können.

Ein Anspruch ist ohne Schwierigkeit realisierbar, wenn folgende Voraussetzungen erfüllt sind.

Der Betroffene muß von seiner Ausgleichsforderung Kenntnis erlangen, weil er erst dadurch die Möglichkeit erhält, die zur Verwirklichung dieser Forderung notwendigen Maßnahmen zu ergreifen. Ein gegen den Täter gerichteter Ausgleichsanspruch stellt ein ausreichendes Äquivalent dar, wenn der Anspruch infolge vorhandener Ersatzfähigkeit oder -bereitschaft des Täters sofort realisiert werden kann.

Gesetzliche Ausgleichsansprüche können grundsätzlich die Vermögensminderung kompensieren. Wenn der Täter ersatzbereit und -willig ist, sind gesetzliche Ausgleichsansprüche wirtschaftlich ebenso vollwertig wie vertragliche Ausgleichsansprüche und verhindern die Schadensentstehung. Fehlt es im Zeitpunkt der Tat an der Ersatzfähigkeit des Täters, kann auch eine später eintretende Zahlungsfähigkeit die Schadensentstehung nicht verhindern. Eine Zahlung stellt dann lediglich eine Schadenswiedergutmachung dar.

Eine Ausnahme von diesem Grundsatz besteht jedoch dann, wenn der Anspruch ausreichend abgesichert ist. Sicherheiten gleichen den Minderwert des Ausgleichsanspruches aber nur dann aus, wenn sie zur Erfüllung des Anspruches ohne Schwierigkeiten verwertbar sind.

Beim Kreditbetrug tritt der Vermögensschaden erst im Zeitpunkt der Kreditgewährung ein, wenn die Bonität des Rückzahlungsanspruches des Getäuschten aufgrund der Zahlungsunwilligkeit und -unfähigkeit des Täters unsicher ist.

Allerdings kann der Minderwert der Rückzahlungsanspruchs dadurch vollständig ausgeglichen werden, daß die Sicherheiten zur Deckung des Kreditrisikos ausreichen und sie ohne Schwierigkeiten verwertbar sind.

Literaturverzeichnis

Amelung, Knut: Rechtsgüterschutz und Schutz der Gesellschaft Frankfurt/Main 1972 (Rechtsgüterschutz)

- Unternehmerpfandrecht und Schadensberechnung beim Betrug, NJW 1975, 624

- Rechtsgutverletzung und Sozialschädlichkeit. In: Heike Jung, Heinz Müller-Dietz und Ulfrid Neumann (Hrsg.), Recht und Moral, Baden-Baden 1991, S. 269

- Strafrechtswissenschaft und Strafgesetzgebung, ZStW 92 (1980)

Arzt, Gunter: Schadensberechnungsprobleme beim Betrug, Gedächtnisschrift für Peter Noll, Zürich 1984

Arzt, Gunter/Weber, Ulrich: Strafrecht, Besonderer Teil, LH 3: Vermögensdelikte, 2. Aufl., Bielefeld 1989

Barton, Stephan: Anm. zu BGH v. 28. 4. 1987 (StV 1987, 484), StV 1987, 485

Bergmann, Matthias/Freund, Georg: Zur Reichweite des Betrugstatbestandes bei rechts- oder sittenwidrigen Geschäften, JR 1988, 189

Berz, Ulrich: Anm. zu BayobLG v. 23. 11. 1972 (NJW 1973, 633), NJW 1973, 1337

Bilda, Klaus: Teilnahme an den Vollendungs- und Beendigungsakten beim Betrug, MDR 1965, 541

Binding, Karl: Lehrbuch des Gemeinen Deutschen Strafrechts, Bd 2, Abteilung 1, 2. Aufl., Leipzig 1904

Blei, Hermann: Strafrecht II, Besonderer Teil, 18. Aufl., München 1983

Bloy, Rene: Anm. zu BGHSt 31, 178, JR 1984, 123

- Anm. zu OLG Stuttgart v. 7. 9. 1981 (JR 1982, 470), JR 1982, 471

Bockelmann, Paul: Betrug trotz ausreichender Gläubigersicherung,NJW 1961, 145

- Der Unrechtsgehalt des Betruges, Festschrift für Eduard Kohlrausch, Berlin 1944, 226 (Kohlrausch-FS)

- Strafrecht, Besonderer Teil 1 (Vermögensdelikte), 2. Aufl., München 1982

- Kriminelle Gefährdung und strafrechtlicher Schutz des Kredit-Gewerbes, ZStW 79 (1967), 28

Bohnenberger, Claus: Betrug durch Vertragserschleichung, Heidelberg 1989 (Vertragserschleichung)

Boog, Markus: Die Rechtsprechung des Bundesgerichts zum Begriff des Vermögensschadens beim Betrug, Basel, Frankfurt/Main 1991 (Vermögensschaden)

Bottke, W: Anm. zu BGH v. 22. 10. 1986 (JR 1987, 427), JR 1987, 428

Bruns, Hans-Jürgen: Die Befreiung des Strafrechts vom zivilistischen Denken, Berlin 1938

- Die sog. "tatsächliche" Betrachtungsweise im Strafrecht, JR 1984, 133

Cadus, Joachim-M: Die faktische Betrachtungsweise - Ein Beitrag zur Auslegung im Strafrecht -, Berlin 1984 (faktische Betrachtungsweise)

Cramer, Peter: Vermögensbegriff und Vermögensschaden im Strafrecht, Berlin, Zürich 1968 (Vermögensbegriff)

- Grenzen des Vermögensschutzes im Strafrecht - OLG Hamburg, NJW 1966, 1525, JuS 1966, 472

Dreher, Eduard/Tröndle, Herbert: Strafgesetzbuch und Nebengesetze, 45. Aufl., München 1991

Ellmer, Manfred: Betrug und Opfermitverantwortung, Berlin 1986

Endriß, Reiner: Nochmals: Strafbare Werbung beim Vertrieb von Zeitschriften, Wistra 1990, 335

Engisch, Karl: Einführung in das juristische Denken, 7. Aufl., Stuttgart, Berlin, Köln, Mainz 1977

Eser, Albin: Strafrecht IV, Schwerpunkt Vermögensdelikte, 4. Aufl., München 1983

- Die Beeinträchtigung der wirtschaftlichen Bewegungsfreiheit als Betrugsschaden, GA 1962, 289

Fabricius, Dirk: Betrug, Betrugsbegriff und gesellschaftliche Entwicklung, Frankfurt/Main, New York 1984

Franzheim, Horst/Krug, Helga: Betrug durch Erschleichen von Unterschriften, GA 1975, 97

Frommel, Monika: Präventionsmodelle in der deutschen Strafzweck-Diskussion. Beziehungen zwischen Rechtsphilosophie, Dogmatik, Rechtspolitik und Erfahrungswissenschaften, Berlin 1987 (Präventionsmodelle)

Flum, Joachim: Der strafrechtliche Schutz der GmbH gegen Schädigungen mit Zustimmung der Gesellschafter, Konstanz 1990 (Strafrechtlicher Schutz der GmbH)

Gallas, Wilhelm: Der Betrug als Vermögensdelikt, Festschrift für Eberhard Schmidt, 2. Aufl., Göttingen 1961, 401 (Eb. Schmidt-FS)

Gemmer, Karlheinz: Tendenzen zur Erweiterung des Vermögensbegriffes beim Betrug, Diss., Mainz 1964

Gerhold, Thomas: Zweckverfehlung und Vermögensschaden, Berlin 1988

Gössel, Karl-Heinz: Das Rechtsgut als ungeschriebenes strafbarkeitseinschränkendes Tatbestandsmerkmal, Festschrift für Dietrich Oehler, Köln, Berlin, Bonn, München 1985, 97 (Oehler-FS)

- Anm. zu BGH v. 18. 5. 1976 (JR 1977, 32), JR 1977, 32

Graba, Hans-Ulrich: Anm. zu BGHSt 23, 300, NJW 1970, 2221

Gutmann, Alexander: Der Vermögenschaden beim Betrug im Licht der neueren höchstrichterlichen Rechtsprechung, MDR 1963, 3, 91

Haft, Fritjof: Strafrecht, Allgemeiner Teil, 3. Aufl., München 1979

- Strafrecht, Besonderer Teil, 3. Aufl., München 1988

Hansen, Uwe: Der objektive Tatbestand des Betruges (§ 263 StGB) - viergliedrig oder dreigliedrig ?, Jura 1990, 511

- Die subjektive Seite der Vermögensverfügung beim Betrug, MDR 1975, 533

Hardwig, Werner: Beiträge zur Lehre vom Betruge, GA 1956, 6

Hassemer, Winfried: Symbolisches Strafrecht und Rechtsgüterschutz, NStZ 1989, 553

- Theorie und Soziologie des Verbrechens. Ansätze zu einer praxisorientierten Rechtsgutslehre, Frankfurt/Main 1978 (Theorie)

- Grundlinien einer personalen Rechtsgutslehre. In: Scholler/Philipps (Hrsg.), Jenseits des Funktionalismus, Heidelberg 1989, S. 85 (Grundlinien)

- Sozialtechnologie und Moral: Symbole und Rechtsgüter. In: Heike Jung, Heinz Müller-Dietz und Ulfrid Neumann (Hrsg.), Recht und Moral, Baden-Baden 1991, S. 329

Heinitz, E: Anm. zu BGH v. 20. 2. 1968 (JR 1968, 386), JR 1968, 387

Herzberg, Rolf Dietrich: Eingehungsbetrug und Vorteilabsicht bei Erschleichen von Warenlieferungen zur Belästigung Dritter - BayobLG, JZ 1972, 25, JuS 1972, 185

- Betrug und Diebstahl durch listige Sachverschaffung, ZStW 89 (1977), 367

Hirschberg, Rudolf: Der Vermögensbegriff im Strafrecht, Berlin 1934 (Vermögensbegriff)

Hirsch, Hans Joachim, Zum Spannungsverhältnis von Theorie und praxis im Strafrecht, Festschrift für Herbert Tröndle, Berlin, Ner York 1989, S. 19

Hohmann, Olaf: Das Rechtsgut der Umweltdelikte: Grenzen des strafrechtlichen Umweltschutzes, Frankfurt/Main 1991

Jakobs, Günter: Strafrecht, Allgemeiner Teil, 2. Aufl., Berlin, New York 1991

- Die objektiv-individuelle Schadensermittlulng beim Betrug - OLG Köln, NJW 1976, 1222, JuS 1977, 228

- Anm. zu OLG Hamburg v. 7. 12. 1973 (MDR 1974, 330), JR 1974, 474

Jescheck, Hans-Heinrich: Lehrbuch des Strafrechts, Allgemeiner Teil, 4. Aufl., Berlin 1988

- Wesen und rechtliche Bedeutung der Beendigung der Straftat, Festschrift für Hans Welzel, Berlin, New York 1974, S. 683

Joecks, Wolfgang: Die Vermögensverfügung beim Betrug, Köln 1982 (Vermögensverfügung)

Jung, H: Das Gesetz zur Bekämpfung der Wirtschaftskriminalität, JuS 1976, 757

Kareklas, Stefanos: Die Lehre vom Rechtsgut und das Umweltstrafrecht, Diss. Tübingen 1990 (Rechtsgut)

Keller, R: Anm. zu BGH v. 8. 5. 1990 (JR 1990, 517), JR 1990, 519

Kindhäuser, Urs: Gefährdung als Straftat. Rechtstheoretische Untersuchungen zur Dogmatik der abstrakten und konkreten Gefährdungsdelikte, Frankfurt/ Main 1989

- Strafe, Strafrechtsgut und Rechtsgüterschutz. In: Klaus Lüderssen, Cornelius Nestler-Tremel und Ewa Weigend (Hrsg.), Modernes Strafrecht und ultima-ratio-Prinzip, Frankfurt/Main, Bern, New York, Paris 1990, S. 29

- Täuschung und Wahrheitsanspruch beim Betrug, ZStW 103 (1991), 398

Kießner, Ferdinand: Kreditbetrug - § 265b StGB. Eine Untersuchung zur Einführung und Anwendung des Sondertatbestandes zur Bekämpfung der betrügerischen Erschleichung von Krediten, Freiburg 1985 (Kreditbetrug)

Kohlrausch, Eduard/Lange, Richard: Strafgesetzbuch mit Erläuterungen und Nebengesetzen, 41. Aufl., Belin 1956

Krey, Volker: Strafrecht, Besonderer Teil, Band 2, Vermögensdelikte, Stuttgart 1985

Kühl, Kristian: Umfang und Grenzen des strafrechtlichen Vermögensschutzes, JuS 1989, 505

Labsch, Karl Heinz: Untreue (§ 266 StGB). Grenzen und Möglichkeiten einer neuen Deutung, Lübeck, 1983

Lackner, Karl: Strafgesetzbuch, 19. Aufl., München 1991

Lampe, Ernst-Joachim: Strafrechtliche Aspekte der "Unterschriftserschleichung" durch Provisionsvertreter, NJW 1978, 679

- Der Kreditbetrug (§§ 263, 265b StGB) Untersuchungen über das Spar-, Giro-, und Kreditwesen, Berlin 1980 (Kreditbetrug)

Leipziger Kommentar zum Strafgesetzbuch: Hrsg. von Hans-Heinrich Jescheck, Wolfgang Ruß und Günter Willms, Band 6 (§§ 263-302a), 10. Aufl., Berlin, New York 1988

Lenckner, Theodor: Vertragswert und Vermögensschaden beim Betrug des Verkäufers, MDR 1961, 652

- Vermögensschaden und Vermögensgefährdung beim sog. Eingehungsbetrug, JZ 1971, 320

- Zum Problem des Vermögensschadens (§§ 253, 263 StGB) beim Verlust nichtiger Forderungen, JZ 1967, 105

- Anm. zu BayobLG v. 17. 12. 1973 (JR 1974, 336), JR 1974, 337

- Anm. zu BGHSt 31, 178, NStZ 1983, 409

Maaß, Wolfgang: Betrug gegenüber einem Makler - BGHSt 31, 178, JuS 1984, 25

Marx, Michael: Zur Definition des Begriffes "Rechtsgut". Prolegomena einer materialen Verbrechenslehre, Köln, Berlin, Bonn, München 1972 (Definition)

Maurach, Reinhart/Schroeder, Friedrich-Christian, Strafrecht, Besonderer Teil, Teilband 1, 6. Aufl., Heidelberg 1977

Maurach, Reinhart/Schroeder, Friedrich-Christian/Maiwald, Manfred, Strafrecht, Besonderer Teil I, 7. Aufl., Heidelberg 1988

Maurach, Reinhard/Zipf, Heinz: Strafrecht, Allgemeiner Teil, 7. Aufl., Heidelberg 1987

Meyer, Dieter: Schließt das Werkunternehmerpfandrecht beim Betrug einen Vermögensschaden aus?, MDR 1975, 357

- Zum Problem des Vermögensschadens beim sog. "Eingehungsbetrug", MDR 1971, 718

Miehe, Olaf: Die Erschleichung einer Anstellung bei einem privaten Unternehmen - BGH, NJW 1978, 2042, JuS 1980, 261

- Unbewußte Verfügungen. Zur Spannung zwischen Unrechtsgehalt und Tatbild des Betruges, Heidelberg 1987 (Unbewußte Verfügungen)

Mohrbotter, Kurt: Grenzen des Vermögensschadens beim Betrug, GA 1975, 41

- Der Bettel-, Spenden- und Subventionserschleichungsbetrug, Ein Beitrag zum modernen Vermögensbegriff, GA 1969, 225

Müller-Christmann, Bern: Problematik des Vermögensschadens beim Betrug im Falle eines vereinbarten Rücktrittsrechts

- BGH,NJW 1987, 388, JuS 1988, 108

Müller-Dietz, Heinz: Aspekte und Konzepte der Strafrechtsbegrenzung, Festschrift für Rudolf Schmitt, Tübingen 1992

Naucke, Wolfgang: Zur Lehre von strafbaren Betrug. Ein Beitrag zum Verhältnis von Strafrechtsdogmatik und Kriminologie, Berlin 1964 (Betrug)

- Anm. zu BGH v. 9. 8. 1984 (StV 1985, 186), StV 1985, 187

Nelles, Ursula: Untreue zum Nachteil zum Gesellschaften - Zugleich ein Beitrag zur Struktur des Vermögensbegriffes als Beziehungsbegriff, Berlin 1991 (Untreue)

Neumann, Ulfrid/Schroth, Ulrich: Neuere Theorien von Kriminalität und Strafe, Darmstadt 1980

Otto, Harro: Die Struktur des strafrechtlichen Vermögensschutzes, Berlin 1970 (Struktur)

- Grundkurs Strafrecht, Die einzelnen Delikte, 3. Aufl., Berlin, New York 1991 (Grundkurs)

- Rechtsgutsbegriff und Deliktstatbestand. In: Heinz Müller-Dietz (Hrsg.), Strafrechtsdogmatik und Kriminalpolitik, Berlin, Bonn, Köln 1971, S. 1 (Strafrechtsdogmatik)

- Die neuere Rechtsprechung zu den Vermögensdelikten, JZ 1985, 21, 69

- Probleme des Kreditbetruges, des Scheck- und Wechselmißbrauchs, Jura 1983, 16

- Schadenseintritt und Verjährungsbeginn, Festschrift für Karl Lackner, Berlin 1987, 715

- Vermögensgefährdung, Vermögensschaden und Vermögenswertminderung, Jura 1991, 494

- Die sog. tatsächliche oder wirtschaftliche Betrachtungsweise - eine spezifisch strafrechtliche Auslegungsmethode?, Jura 1989, 328

- Eingehungs- und Erfüllungsbetrug, JK, StGB § 263/16 und JK 88, StGB § 263/27

- Vermögensschaden und Rücktrittsrecht, JK 87, StGB § 263/22

- Vermögensgefährdung und Vermögensschaden, JK 88, StGB § 253/2 und JK, StGB § 263/19

- Vereitelung einer Vermögensvermehrung und Vermögensschaden, JK 92, StGB § 263/35

- Gutgläubiger Erwerb und Betrugsschaden; "Makeltheorie", JK 91, StGB § 263/33

Parsch, Leo: Anm. zu OLG Hamm. v. 15. 1. 1960 (NJW 1960, 977), NJW 1969, 977

Puppe, Ingeborg: Vermögensverfügung und Vermögensschaden bei Eingehung unwirksamer Verbindlichkeiten, MDR 1973, 12

- Anm. zu BGH v. 21. 12. 1983 (JZ 1985, 530), JZ 1985, 532

Ranft, Otfried: Grundfälle aus dem Bereich der Vermögensdelikte, JA 1984, 723

- Grundprobleme des Betrugstatbestandes, Jura 1992, 66

Riemann, Thomas: Vermögensgefährdung und Vermögensschaden, Heidelberg 1989 (Vermögensgefährdung)

Roxin, Claus: Strafrecht, Allgemeiner Teil, Band 1, München 1992

Roxin, Claus/Schünemann, Bernd/Haffke, Bernhard: Strafrechtliche Klausurenlehre mit Fallrepetitorium, 4. Aufl., Köln 1982 (Klausurenlehre)

Rudolphi, Hans Joachim : Die verschiedenen Aspekte des Rechtsgutsbegriffes, Festschrift für Honig, Göttingen 1970, 151 (Honig-FS)

Samson, Erich: Grundprinzipien des strafrechtlichen Vermögensbegriffes, JA 1989, 510

- Grundprobleme des Betrugstatbestandes, JA 1978, 564

- Strafrecht II, 4. Aufl., Frankfurt 1983

Schleeh, Jörg: Rechtsgut und Handlungsobjekt beim Tatbestand der Steuerverkürzung, NJW 1971, 739

Schlüchter, Ellen: Der Vermögensschaden im Sinne des § 263 StGB aus wirtschaftlicher Sicht - Dargestellt am Fall von Vertragsschlüssen, erschlichen durch Täuschung über die Bedeutung des Bestellscheins, MDR 1974, 617

Schmidhäuser, Eberhard: Der Zusammenhang von Vermögensverfügung und Vermögensschaden beim Betrug (§ 263 StGB), Festschrift für Herbert Tröndle, Berlin 1989, 305

- Strafrecht, Allgemeiner Teil, 2. Aufl., Tübingen 1984

- Strafrecht, Besonderer Teil, Grundriß, 2. Aufl., Tübingen 1983

Schmidt, Frank-Richard: Zum Begriff des Vermögensschadens beim Betrugstatbestand, Diss., Göttingen 1970

Schmoller, Kurt: Ermittlung des Betrugsschadens bei Bezahlung eines marktüblichen Preises, ZStW 103 (1991), 92

Schönfeld, Friedrich: Interesseverletzung und Betrugsschaden, JZ 1964, 206

Schönke, Adolf/Schröder, Horst: Strafgesetzbuch, Kommentar, bearbeitet von Theodor Lenckner, Peter Cramer, Albin Eser, Walter Stree, 24. Aufl., München 1991 (Sch/Sch/Bearbeiter)

Schroeder, Friedrich-Christian: Die Systematik der Vermögensstraftaten, Jura 1987, 113

Schröder, Horst: Grenzen des Vermögensschadens beim Betrug, NJW 1962, 721

- Zum Vermögensbegriff bei Betrug und Erpressung, JZ 1965, 513

- Anm. zu BGHSt 23, 300, JR 1971, 74

- Anm. zu BayobLG v. 17. 9. 1971 (JZ 1972, 25), JZ 1972, 26

- Anm. zu BGH v. 16. 12. 1960 (JR 1961, 267), JR 1961, 268

Schütz, Sigrid Susanne: Die Entwicklung der Betrugsbegriffe vom Codes Juris Bararici Criminalis (1751) bis zum preußischen Strafgesetzbuch (1851), München 1988

Seelmann, Kurt: Grundfälle zu den Straftaten gegen das Vermögen als Ganzes, JuS 1982, 509

- Anm. zu BGHSt 23. 1. 1985 (JR 1986, 345), JR 1986, 346

Sina, Peter: Die Dogmengeschichte des strafrechtlichen Begriffs "Rechtsgut", Basel 1962 (Dogmengeschichte)

Sonnen, Bernd-Rüdeger: Anm. zu BGH v. 9. 7. 1987 (StV 1989, 478), StV 1989, 479

- Anm. zu BGHSt 9.5. 1978 (NJW 1978, 2042), JA 1979, 166

Suhr, Christian: Zur Begriffsbestimmung vom Rechtsgut und Tatobjekt im Strafrecht, JA 1990, 303

Systematischer Kommentar zum Strafgesetzbuch: Hrsg. v. Hans-Joachim Rudolphi, Eckhard Horn und Erich Samson, Band 2, Besonderer Teil, 4. Aufl. (29. Lfg.), Neuwied 1991

Tenckhoff, Jörg: Eingehungs- und Erfüllungsbetrug, Festschrift für Karl Lackner, Berlin, New York, 1987, 677

- Anm. zu BGH v. 28. 4. 1987 (JR 1988, 125), JR 1988, 126

Tiedemann, Klaus: Straftatbestand und Normambivalenz - am Beispiel der Geschäftsberichtsfälschung, Festschrift für Friedrich Schaffstein, Göttingen 1975, S. 195

Weidemann, Jürgen: Das Kompensationsproblem beim Betrug, Diss. Bonn 1972 (Kompensationsproblem)

- Zur Frage des Betrugsschadens bei Gleichwertigkeit von Leistung und Gegenleistung, MDR 1973, 992

Weigend, Thomas: Straflosigkeit bei Einwilligung, ZStW 98 (1986), 49

Welzel, Hans: Das deutsche Strafrecht, 11. Aufl., Berlin 1969

- Zum Schadensbegriff bei Betrug und Erpressung, NJW 1953, 652

Wessels, Johannes: Strafrecht, Besonderer Teil 2, Straftaten gegen Vermögenswerte, 15. Aufl., Heidelberg 1992

Würz, Roland: Die Vermögensgefährdung als Vermögensschaden beim strafbaren Betrug, Diss, Bonn 1970 (Vermögensgefährdung)

Ralf Krack

List als Straftatbestandsmerkmal

Zugleich ein Beitrag zu Täuschung und Irrtum beim Betrug

Frankfurt/M., Berlin, Bern, New York, Paris, Wien, 1994. XI, 164 S.
Schriften zum Strafrecht und Strafprozeßrecht.
Herausgegeben von Manfred Maiwald. Bd. 12
ISBN 3-631-46724-9 br. DM 64.--*

Die herrschende Ansicht zur Auslegung des Tatbestandsmerkmales der List erweist sich als zu weit gefaßt. Nicht jedes ablenkende Täterverhalten ist umfaßt, sondern nur die Irrtumserregung. Die beiden sich daraus ergebenden Elemente der List – Täuschung und Irrtum – werden unter Berücksichtigung und Weiterführung der entsprechenden Betrugsdogmatik analysiert. Einen Schwerpunkt bildet die Untersuchung des Verhältnisses zwischen der List und dem zustimmenden Willen des Opfers. In diesem Kontext wird die Gleichartigkeit von einverständlicher Fremdverletzung und Selbstverletzung aufgezeigt. Der Verfasser entwirft auf der Basis der modernen Einwilligungslehre eine Lösung zur Täuschungsanfälligkeit des zustimmenden Willens. Dabei wird die Lehre vom Rechtsgutsbezug des Irrtums weiterentwickelt.

Aus dem Inhalt: Auslegung des Listbegriffes · Beschränkung auf Beeinflussung des Vorstellungsvermögens · Täuschung und Irrtum beim Betrug · Gleichbehandlung von Selbstverletzung und konsentierter Fremdverletzung · Einverständnis und Einwilligung

Peter Lang Europäischer Verlag der Wissenschaften
Frankfurt a.M. • Berlin • Bern • New York • Paris • Wien
Auslieferung: Verlag Peter Lang AG, Jupiterstr. 15, CH-3000 Bern 15
Telefon (004131) 9411122, Telefax (004131) 9411131
- Preisänderungen vorbehalten - *inklusive Mehrwertsteuer